마지막 통화는
모두가 "사랑해…"였다

마지막 통화는
모두가 "사랑해…" 였다

초판 1쇄 발행 2013년 12월 25일

지 은 이 정기환
발 행 인 권선복
편집주간 김정웅
편 집 김소영
디 자 인 김소영
전 자 책 신미경
마 케 팅 서선교
발 행 처 도서출판 행복에너지
출판등록 제315-2011-000035호
주 소 (157-010) 서울특별시 강서구 화곡로 232
전 화 0505-613-6133
팩 스 0303-0799-1560
홈페이지 www.happybook.or.kr
이 메 일 ksbdata@daum.net

값 15,000원
ISBN 979-11-5602-024-0   13300

도서출판 행복에너지는 독자 여러분의 아이디어와 원고 투고를 기다립니다. 책으로 만들기를 원하는 콘텐츠가 있으신 분은 이메일이나 홈페이지를 통해 간단한 기획서와 기획의도, 연락처 등을 보내주십시오. 행복에너지의 문은 언제나 활짝 열려 있습니다.

우리 사회의 치열했던 30년, 기자의 눈으로 본 그 생생한 현장!

마지막 통화는 모두가 "사랑해…"였다

- 현장에서 -

정기환 지음

도서
출판 **행복에너지**

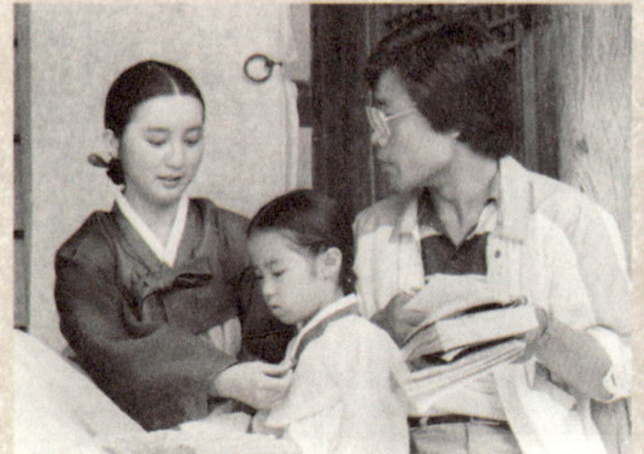
1987년 6월 KBS 드라마 '토지' 촬영장에서

1989년 강원도 태백 장성탄광 막장에서

1994년 10월 성수대교 붕괴 후
'한강 다리 안전한가' 기획 취재

1995년 9월 이해찬 서울시 정무부시장 인터뷰

1997년 1월 비엔나대학 연수 시절

2005년 5월 평양 순안공항에서

2009년 3월 유럽 자전거문화 취재 – 코펜하겐

1992년 가을 프랑스 고속철도(TGV) 취재

2012년 3월
삼성언론상 시상식

고향 소한리 앞 바다

1975년 12월 세모歲暮의 분위기로 들뜬 어느 날 저녁. 나는 부산에서 서울로 가는 밤 기차에 올라 있었다. 대학입시 지원서를 내러 가는 길이었다. 가방에 든 지원서에는 지원학과 란이 비어 있었다. 어느 학과에 가야 할지도 아직 정하지 못한 채였다. 차에 올라서도 부족한 과목의 책을 꺼내 벼락치기 공부를 시작했다.

기차가 출발하기 직전, 회사원 차림 대여섯 명이 우루루 올라탔다. 자기들끼리 떠들며 내 옆과 앞의 좌석을 모두 채웠다. 그들은 판매원의 수레가 지나갈 때마다 불러 세웠다. 그때마다 수레 안의 맥주를 모두 비워대며 부어라 마셔라 했다. 속으로 '젊은 축들이 돈도 많다'는 생각을 했다. 당시 맥주는 아주 비싼 술이었다.

기차가 대구쯤에 이르자 일행 중의 한 명이 말을 건네왔다. 맥주가 든 종이컵을 권하며 '어디를 가는 길이냐'고 했다. 시끄러워서 책도 눈에 들어오지 않아 바로 술판에 끼어들었다.

서울에서 내려 온 문화방송 기자들이라고 했다. 당시 부산의 국제시장인가 어디선가 큰 불이 난 일이 있었던 것 같다. 저마다의 취재 무용담으로 술자리가 달아올랐다. 지금 생각해보니 대형사건을 마무리한 홀가분함에다 취재비도 좀 남았던 모양이다.

난무하는 술잔들에 나도 흥건히 취해갔다. 내가 물었다. "어느 학과를 졸업해야 기자가 되나요.” 일생의 대 실수나 아니었는지.

“어느 대학에 갈 건데?” 하고 물어왔다. 그들 중 세 명이 내가 원서를 내러 가는 대학 출신들이었다. 그중의 둘은 내가 지원할지 말지를 망설이고 있는 학과를 졸업한 이들이었다. “임마, 당장 ○○과로 지원해.” 이미 내 대학 선배나 된 듯 반말이었다.

이튿날 새벽, 서울역에 도착한 기차 안에는 나만 혼자 쓰러져 자고 있었다. 세상에 의리 없는 방송기자들 같으니라고.

어릴적 꿈은 마도로스였다. 방문만 열면 바다가 펼쳐지는 고향이었다. 매일 보는 게 동해 일출이었다. 고등학교 때는 부산 해양대학 지망생 3명이 모임도 했다.

마도로스에 대한 소년들의 꿈은 방랑벽 수준이었다. 한곳에 매이지 않고 천하를 주유周遊할 거라나 뭐라나. 결과적으로 그 꿈은 좌절됐다. 그것도 아주 안 되는 걸로 판명났다. 이제 뭘 할 수 있을 것인가.

돌이켜 보니 기자는 마도로스의 대체재였나 보다. 은근히 비슷한 구석이 좀 있는 직업군이기도 하다.

스물일곱 나이에 발을 들여 30년을 채웠다. 1980년대, 1990년대 그리고 또 21세기다. 마도로스처럼 세상의 이 언덕 저 골짜기들을 많이도 쏘다녔다. '기웃기웃 구경이나 하면서'도 하릴없이 분주한 세월이었다.

흰 머리가 내려앉도록 '현장'만 지켰다. 무능의 소치일 수도, 드문 행운일 수도 있겠다. 어느 해인가는 가을 추수가 끝난 해 질 녘 들판에서 기사를 쓰기도 했다. 어느 봄날에는 도망가는 취재원을 쫓아 자동차 추격전을 벌이며 한강을 넘기도 했다.

신문기사는 첫 문장이 가장 어렵다고들 한다. '현장'은 우선 그 고민을 해결해 준다. 머릿 속에서만 맴돌던 첫 문장이 현장에서는 술술 풀려 나온다.

남들처럼 큰 특종을 한 적도 없다. 아픈 사람들의 눈물을 제대로 닦아 주지도 못했다. 무거운 감투나 훈장도 없었다.

그런들 어쩌랴. 저 가을바람이 한 해를 수확하듯 흩어진 낱알들이나마 모아두고 싶었다. 바다를 떠돌다 사라질 가랑잎 같은 글들이다. 부끄러움을 무릅쓰고 이 책을 묶어 내는 마음이다. 혹시 이 길을 가려는 후생들에게 작은 참고라도 된다면 더 바람이 없겠다.

1980년대, 민주화 투쟁, 노동자 대투쟁 시기의 기사들을 빠트린 것은 아쉽다. 뚜렷한 글들이 없기도 하지만 디지털 문서로 입력돼 있지 않아 여의치 않았다.

신문의 본분이기는 하지만, 비판 기사들-특히 특정인에 대한-은 제외했다. 이제 와서 다시 서로 불편해지기가 싫어서다.

먼저 아내 고봉림에게 고마운 마음을 보낸다. 모두가 그의 덕분이다. 포항 비학산에 잠드신 아버지와 고향집에 계시는 어머니, 딸 다은, 아들 동승이도 빼놓을 수 없다. 먼저 가신 장모님, 상주에 계시는 장인어른께도 머리 숙인다. 우리 6남매와 전국의 술친구들도 있다. 인생의 길동무, 우리 '세월회' 친구들에게도 감사를 전한다. 특히 몸매에 비해 날렵한 후배 윤상구(머니투데이 인천본부장)는 이 책의 산파역이다.

도서출판 행복에너지이 권선복 사장님과 디자인을 맡은 김소영 님께도 감사드린다.

2013년 11월 10일 묘제를 마치고

고향 바다에서 영일迎日 **정 기 환**

추천사

인천시 교육감 나 근 형

중앙일보 정기환 국장님의 취재기를 엮은 『마지막 통화는 모두가 "사랑해…" 였다』 발간을 진심으로 축하드립니다.

벼 한 알을 키우기 위해서도 하늘과 비, 바람이 감싸주어야 하고, 농부의 땀과 정성이 가득해야 여무는 것임을 우리는 잘 알고 있습니다. 더구나 창작의 고통을 겪으며 낳은 이 한 권의 책을 세상에 내보내는 정 기자의 마음은 설렘과 두려움 그리고 기쁨일 것입니다.

살아온 날들을 돌아보는 그의 인생길은, 기자를 천직으로 알고 흰머리가 내려앉도록 30년 세월을 우직함으로 '현장'을 지킨 그의 취재기록을 바탕으로 한 작품입니다.

작가는 연평도 포격 사건, 삼풍백화점 붕괴 현장 등 우리 사회 굵직한 사건 사고 현장을 취재하며 사람들의 절망 속에서도 우리 이웃들의 희망을 들여다볼 줄 아는 지혜를 지녔습니다. 또한, 시대를 관통하는 기자정신으로 늘 '현장'과 함께해 온 작가의 사회변혁의 의지도 엿보입니다.

벌써 찬바람이 옷깃을 여미게 만드는 늦가을, 11월이 지나고 있습니다. 삶을 돌이켜보며 반성하고 꿈을 향한 의지와 인연을 소중이 여기며 살아가는 모습이 아름답습니다.

여는 장마다 빼곡히 적힌 취재수첩에서 알 수 있듯, 이 책에 담긴 30년 기자생활 그 치열함은 같은 길을 가려는 후배들에게 지침이 될 만한 이야기가 가득합니다.

이 글을 보시는 독자님들에게 행복이 가득하시길 빌며, 이 책이 여러분의 품 안에서 사랑받기를 간절히 바랍니다.

2013. 11.

시대를 바라보는 날카롭고 따뜻한 시선

먼저 정기환 기자의 취재 활동을 회고한 『마지막 통화는 모두가 "사랑해…" 였다』 발간을 인천지역 상공인과 함께 진심으로 축하드립니다. 아울러 끊임없 는 헌신과 노력으로 지난 30여 년 동안 취재 현장을 지켜온 정 기자의 노고에 감사의 말씀을 드립니다.

정기환 기자는 지난 30여 년간 수많은 사건들을 현장에서 생생하게 취재해 왔습니다. 천안함 폭침 사건, 연평도 포격 사건 등 인천뿐 아니라 대한민국을 가슴 아프게 했던 중요한 사건 사고를 가까이서 취재하며 역사의 현장을 생생 하게 기록해왔습니다. 또한 개구리소년 사건, 성수대교·삼풍백화점 붕괴 등 우 리 가슴에 큰 멍울을 남긴 사고들을 뜬 눈으로 밤을 지새며 헌신적인 취재활동 을 하였습니다.

이번에 정기환 기자가 발간하는 『마지막 통화는 모두가 "사랑해…"였다』에는 인천 지역과 대한민국 발전에 많은 영향을 끼친 정치·경제·사회·문화계 인사 들과의 생생한 인터뷰는 물론, 기사로 게재하지 못했던 사연들을 활자화하여 낭만적이고 따뜻한 그의 시선을 느낄 수 있게 하였습니다.

아무쪼록 많은 분들이 『마지막 통화는 모두가 "사랑해…"였다』를 통해 잊지 말아야 할 우리 사회의 목소리와 역사를 되새기고, 정기환 기자의 따뜻한 마음 을 가슴으로 느끼며 많은 생각을 나눌 수 있는 유익한 시간이 되었으면 합니다.

다시 한 번 오랜 시간 인천지역 사회를 넘어 우리나라 곳곳의 낮은 목소리를 대변하고, 대안을 제시하는 올바른 언론인상을 보여준 정 기자의 노고에 깊은 감사를 드리며, 정기환 기자의 앞날의 무궁한 영광과 건승을 기원합니다. 감사 합니다.

전 경인일보 사장, 전 인천시 정무부시장 **박 영 복**

'우리가 열심히 공부해서 관리가 된 이유가 무엇이냐? 조정의 힘을 빌어 어려운 백성을 도와주고 세상의 정의를 실현하기 위함이 아니었더냐. 부당한 권력이 무서우면 관리를 그만두면 되지 않느냐'

이 말은 요즘 무심코 재미로 보는 사극 포청천 중에서 황제의 성지를 어기면서까지 사회고위층을 단죄한 후 항명에 대한 처벌을 염려하는 참모들 앞에 던진 포증의 일갈이다. 저자의 추천사 부탁을 받고 문득 떠오른 천 년도 더 된 중국 송나라 이야기다.

저자 정기환은 왜 열심히 공부해서 기자가 되었을까? 그의 책머리 말대로 어릴 적 상경 기차 칸에서 우연히 만났던 기자들 때문이었을까? 그 인연 하나가 그를 삼십 년씩이나 언론 밥을 먹게 했을까? 아닐 것이다. 분명 다른 이유가 있었을 것이다.

삼십 년 세월이면 군사정권 문민정부 다 겪어보고 산업화 현대화 다 살아 보았을 텐데 무엇이 정기환을 붙잡아 놓았을까? 기자생활 삼십 년이면 양심과 비양심, 보수와 진보, 정의와 불의, 공정과 부정이 싸우는 길 한복판을 피해 갈 수 없었을 텐데 무엇이 정기환을 용케 견뎌내게 하였을까?

단언컨대, 펜대의 힘을 빌어 어려운 사람들을 도와주고 불의에 맞서 사회정의를 실현한다는 자부심이 본인도 모르는 사이에 보람으로 굳어 버린 세월이 훌쩍 삼십 년이 되었을 것이다.

뒤를 돌아보면서 남기는 이 책이, 부디 그의 후배들에게는 고서가 아니라 신서新書가 되기를 바란다. 보통 사람들에겐 불감당인 현장 속 이야기에 추천 핑계로나마 몇 줄 끼게 된 것을 큰 광영으로 생각하며 저자의 또 다른 전진을 기원한다.

덕성여대 총장, 전 인하대 총장 **홍 승 용**

'해야 할 말'과 '하고 싶은 말'을 글로 쓰는 정기환 기자의 글 모음이 흥미롭다. 아날로그시대에서 디지털시대로 넘어가면서 스토리 형의 신문보다는 단문 위주의 TGIFTwitter, Google, Internet, Facebook 스타일이 횡행하는 세태다. 이런 가운데 정기자의 기사 모음은 후학들에게 글쓰기의 길라잡이가 될 수 있다.

신문기사를 영어로 article이라 한다. 이 단어어 art가 포함되어 있음은 글 쓰기에 혼과 고뇌가 담겨야 한다는 뜻이 아닐는지.

신문 사회면은 다루는 폭이 참 넓다. 사건 사고, 교육, 노동, 언론, 환경, 인권 복지, 식품의료, 지역 등. 20세기와 21세기를 동시에 살아 온 우리 세대 사회에는 성장의 밝은 면과 상흔의 어두움이 공존한다. 평생을 사회 이슈를 다루는 기자로 살아 온 정 기자는 기사를 발로 쓴다.

새로운 밀레니엄 시대와 중국의 부상으로 우리나라에서 가장 개발 열기가 뜨거운 인천, 남북 대치의 최전선인 서해 NLL을 접한 연평도와 백령도 등 서해 5도, 대구와 영일만은 그가 발로 뛰어다닌 현장이다. 그렇기에 마도로스를 꿈꿨던 정 기자가 전달하는 이야기는 바다나 항구도시의 일상이 투박하지만 낯설지 않게 다가온다.

그가 만난 보통 사람들의 애환으로 부터, 정관계·학계 고위 인사들까지 폭넓은 고충과 고뇌의 스펙트럼을 진솔하게 다루려 노력한다. 그렇다고 특정인의 일방적인 대변인 역할은 완곡하게 거부하면서, 그가 추구하는 사회적 변화를 다른 사람의 입을 통해 절제된 언어로 전달하려는 전도사이다. 애국심, 정의로움, 공사의 깔끔한 구분, 치열한 현장읽기는 그의 심성이다.

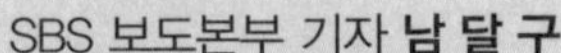

SBS 보도본부 기자 **남 달 구**

국자가 어찌 국 맛을 알랴. 자고로 먹어봐야 맛을 안다. 사람과의 관계도 그렇다. 일단 겪어봐야 그 사람의 됨됨이와 속내를 알 수 있다.

정 기자는 토종 뚝배기이다. 생김새도 그렇거니와 맛 또한 그렇다. 뿔 농군 같은 외모에 두툼한 손, 이리 훑고 저리 뜯어 봐도 촌놈이다. 그런 그가 토해 내는 글은 영 딴판이다. 서릿발 같은 질타를 쏟아내는가 하면 한없이 정감어린 글을 토해낸다.

낫은 풀을 벨 수 있어도 나무는 벨 수 없다. 도끼는 풀을 베지는 못하지만 나무 등걸은 찍어 넘길 수 있다 했던가. 그는 때로는 낫처럼 예리하게, 때로는 도끼처럼 언론인으로서의 외길을 걸어왔다.

어느 날 저녁 주막에서 그의 호를 지어준 적이 있다. 해암海岩, 바다 바위다. 세상풍랑에 흔들리지 않고 묵묵히 그 자리를 지키는 친구라는 뜻이다. 다른 뜻도 담겨 있다. 바닷가 바위 밑에는 해초며 고둥 등 여러 해산물들이 붙어 살고 있다. 뚝배기보다 장맛이라고, 그가 가는 곳에는 늘 사람들이 북적인다.

그런 그가 30여 년의 기자 생활을 마치고 새로운 인생을 준비하려 한다. 그와 나는 대학 때부터 오랜 시간 같은 길을 걸어왔다. 최근 2년간은 인천에서 가까이 근무했다. 소중한 정을 나눌 수 있었던 더없이 소중한 시절이었다.

그 시절 그와 나는 거의 매일이다시피 선술집으로 퇴근하곤 했다. 땅거미가 밀려오는 거리를 내다보며 마시는 술은 늘 달콤했다. 취기가 오르면 〈해운대 연가〉나 〈봄날은 간다〉가 흘러나왔다. 후배 기자 윤상구의 막춤까지 가세하면 주연은 절정으로 달렸다.

사람 냄새가 가득한 인연들이었다. 이제는 돌아갈 수 없는 그 시절이 아련하고 그립다. 오랜 세월 꿋꿋이 한길을 걸어온 친구에게 박수를 보낸다.

친구여, 다시 한 번 축하하며 이 대목에서 건배!

수필가, 대구경북섬유산업협회 부회장 **최 해 남**

나의 인생에 영일 선생과의 만남은 작은 행운이었다고나 할까? 2000년 초로 기억된다. 당시 대구시 공보관실에서 성격 특이한 글쟁이들과 힘겹게 한 수, 한 수 겨루고 있었다. 어느 날 까무잡잡하게 생긴 뱃사람 같은 사나이가 출현했다. '좀 깐깐하겠는데' 하는 첫 느낌과는 전혀 다르게 끈끈한 인간미를 가는 웃음 속에 담고 있었다. 갈수록 매력이 넘치는 사나이. 껍질을 벗기고 나면 속살이 선홍빛 붉은 빛깔인, 영일만 해풍에 말려놓은 '과메기' 같은 사람이라고나 할까?

옛 말씀에 남자가 친구가 되려면 술을 세 번 먹어봐야 된다는 밀이 있다. 영일 선생과 나는 서른 번도 더 먹었으니 둘 다 과메기가 되어버렸는지 모른다.

한 번은 '죽천' 바닷가 영일 선생의 고향집을 들른 적이 있었다. 하룻밤을 묵었는데 그때의 일출 광경이 지금도 눈에 선하다. 동창을 여니 아침 햇살이 한꺼번에 쏟아져 들어왔다. 뒤이어 따라 들어오는 동해의 넓은 바다가 이내 가슴을 꽉 채우는 것 같았다. "아하! 영일 선생이 이 바다를 닮았구나!" 하는 독백이 절로 나왔다. 선생은 마도로스의 꿈이 기자로 대체되었다고 하나, 내가 보기에는 인생을 거리낌 없이 유유자적하게 유영해온 진짜 마도로스였다.

십여 년 전의 '대구지하철 참사'는 영일 선생과 함께 겪었다. 그날의 비탄을 다시 읽으며 기자로서의 영일 선생의 내공을 생각했다.

영일 선생은 기자 이전에 한 사람의 인격자로서 삶을 고뇌하면서 한편으로는 관조하면서 살아온 분이다. 가까이에서 보면 친근감이 묻어나오고, 한 발자국 물러나서 보면 존경이 가는 인성을 가지고 있기에 모두들 좋아하는 것이 아닌가 생각한다.

이 한 권의 책에서 인생을 주저없이 살아온 한 남자를 만날 수 있다는 점에서 감히 추천한다. 빛나고 눈부시지 않지만 저절로 끌려가는 속 깊은 매력과 은근한 눈빛이 가슴에 다가올 것이다.

In the field

현장에서

CONTENTS

④ Search topic

화제를 찾아서

From the mailbox
사서함私書函에서

Chapter 1

현장에서

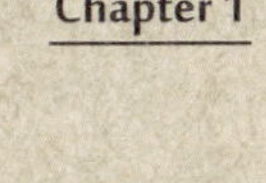

In The Field

사고 이튿날부터 중앙로역에는 가족, 연인, 친구들의
추모 사연들이 빼곡하게 나붙기 시작했다.
시커멓게 그을은 벽 위 색색의 종이에 손 글씨로 쓴 사연들.
'그동안 고생만 하다가 이제 살 만하니 왜 먼저 가려 하시오…'
'길거리에 나서면 지니가는 아줌마만 봐노 자꾸자꾸 눈물이 나와.
엄마 빨리 집으로 와. 어서…'
– 「"숨을 못 쉬겠어요…엄마 사랑해"」 중에서

"숨을 못 쉬겠어요…
엄마 사랑해"

[대구 지하철 참사] "숨을 못 쉬겠어요…엄마 사랑해"
[중앙일보] 입력 2003. 02. 18. 18:31 / 수정 2003. 02. 19. 08:13

희생자들 가족과 마지막 휴대전화 통화
"아버지, 구해줘요. 문 안 열려요."
수십 미터 지하 연기 속 애절한 대화

"엄마, 지하철에 불이 났어."

"영아야, 정신 차려야 돼."

"엄마, 숨을 못 쉬겠어."

"영아, 영아, 영아…."

"숨이 차서 더 이상 통화를 못하겠어. 엄마, 그만 전화해."

"영아야, 제발 엄마 얼굴을 떠올려 봐."

"엄마 사랑해…."

18일 오전 사고 현장을 헤매고 다니던 장계순(44) 씨와 딸 이선영

(20. 영진전문대) 양과의 마지막 휴대전화 통화 내용이다.

18일 대구 지하철 방화사건 현장에서 생사를 확인하지 못한 한 희생자 가족이 길바닥에 주저앉아 울부짖고 있다. [AP=연합]

학교에 간다면서 집을 나갔던 李양이 어머니 장씨에게 처음 전화한 것은 이날 오전 10시쯤. 처음에 장 씨는 명랑한 성격의 딸이 장난을 하는 것으로 생각했다. 하지만 계속 울먹이는 목소리에 심상치 않은 기색을 느꼈다고 했다. 장 씨는 수시로 끊어지는 딸의 휴대전화에 열 번 넘게 전화를 걸어 힘을 북돋워 주려 했으나 "엄마 사랑해"라는 마지막 인사말을 듣고는 집을 뛰쳐나와 현장으로 향했다.

사고 현장 주변에서 장 씨는 만나는 사람을 붙들고 "사고가 난 지 3시간이 지났으니 가망이 없겠지요"라면서도 "반드시 살아 있을 것"이라는 말을 되뇌여 주변 사람들을 안타깝게 했다.

피아노 레슨을 받기 위해 집을 나섰다가 실종된 딸(이미영. 19. 경북 여고2)의 전화를 받고 역사로 달려 나왔다는 이우석(48. 경북 칠곡군 지천면 연화리) 씨가 전하는 사연은 애절하다 못해 섬뜩하다.

"아버지, 구해주세요…. 문이 안 열려요"라며 울먹이는 딸의 목소리 뒤로 비명과 고함, 울음소리가 뒤엉켰단다. 李씨는 "딸의 전화를 받은 즉시 차를 몰아 역에 도착한 뒤 대구지하철공사에 전화를 걸었는데 '아직 상황이 파악되지 않았다'는 답변만 들었다"며 분통을 터뜨렸다.

지하철 화재 사건의 희생자들이 가족 등과 휴대전화로 나눈 대화 내용은 애절함으로 가득했다. 2년 전 미국 뉴욕의 세계무역센터에서 발생한 9·11테러 당시 희생자들이 가족 등과 나눴던 애틋한 대화가 재연된 것이다. 지하철 탑승자들은 수십 미터 지하의 칠흑 같은 어둠 속에서 화마와 연기가 덮쳐 오는 상황에서도 "사랑해" "미안해" 등의 작별 인사를 지상의 가족 등에게 남겼다.

아직도 마지막 인사가 귓가에 쟁쟁한 희생자 가족들은 사상자들이 후송된 병원 영안실 등에서 '혹시나' 하는 생각에 찾는 이의 휴대전화 번호를 습관처럼 되누르곤 했다. 이 때문에 이날 사고 현장 주변은 통화 폭증으로 휴대전화가 연결되지 않거나 자주 끊어졌다.

이름을 밝히지 않은 초로의 한 부부는 사고 현장 부근인 대구은행 현관에 주저앉아 "막내아들이 '불효 자식을 용서해 주세요'라고 전화를 해왔다"며 부둥켜 안고 눈물만 흘리고 있었다.

18일 대구지하철 화재 현장에서 지하철 관계자들이 사고 전동차를 조사하고 있다. [특별취재팀]

김복순(45. 대구시 북구 칠성동) 씨는 큰딸(강영주. 21. 계명대 경제과2)이 "엄마, 불이 났는데 문이 안 열려"라고 전화해 "침착해라. 창문을 깨라"고 말해줬는데 2분 뒤 "엄마 어떻게 해. 빨리 구해줘"라는 말을 마지막으로 통화가 끊겼다고 울먹였다.

지난해 결혼한 새댁 민심은(26. 대구시 동구 신암동) 씨는 사고 직후 남편에게 전화를 걸어 숨이 가쁜 목소리로 "오빠, 사랑해"란 말을 남기고 실종됐다. 사위의 연락을 받고 현장에 달려온 민 씨의 어머니 정숙사(54. 대구시 수성구 수성1가) 씨는 사위의 손을 꼭 잡은 채 "착한 심은이는 반드시 돌아올 걸세"라며 눈물을 떨궜다. 하지만 민 씨의 생사는 확인되지 않았다.

일부 가족들은 지하철에 타고 있었던 가족과의 통화를 내세우며 당국의 늑장 대처를 질타하기도 했다.

사고 차량 반대편 선로를 통해 역에 들어선 차량(대곡 방면)에 탑승했다 실종된 처조카 조효정(14) 양을 찾기 위해 현장에 나온 서정태(63, 대구시 북구 대현동) 씨는 "지하철공사의 초기 대처가 늦어 피해를 키웠다"며 공사 직원들에게 거세게 항의하기도 했다. 서 씨는 "효정이가 휴대전화로 사고를 알려 온 시간이 오전 10시 3분쯤이어서 방화 시간(9시 55분 추정)과 상당한 차이가 난다"며 "지하철공사는 반대편에서 달려오던 전동차의 운행을 중단시킬 만한 시간적 여유가 있었다"고 주장했다.

– 특별취재팀

2003년 2월 18일 아침, 대구 날씨는 추웠다. 꽃샘바람이 몰아쳤다. 기획 메모를 보내고 화장실을 갔다. 창문 너머 멀리 시커먼 연기가 오르고 있었다. 계단을 뛰어 내려가는데 "지하철에 불이 났다"는 소리가 들려왔다. 왠만한 화재는 발품만 팔고 신문에서는 기사가 되지 않는다. 방송용이다.

코트 차림으로 달려간 현장은 '그냥 화재가 아닌데'라는 생각이 들었다. 지하철 출구들은 검은 연기를 뿜어 올리는 거대한 연통이 되어 있었다. 매운 연기를 견디기가 어려웠다. 편의점에서 마스크와 물부터 먼저 사야 했다. 결과적으로 192명이 사망하고 148명이 다친 미증유의 대참사였다.

하루 종일 물만 마시며 뛰어다닌 끝에 얻은 기사였다. 오후 3시가 넘어 기사 속의 '영아' 어머니를 만났다. 휴대폰을 꼭 껴안은 채 울음을 터뜨렸다. '엄마 사랑해'가 끝이었단다. 다시는 딸의 목소리를 들을 수 없었다고 했다.

그녀의 비통悲痛은 2년 전 미국 '9·11 테러'를 떠올리게 했다. 당시 그들은 마지막 순간까지 휴대폰을 눌렀다. 사랑하는 가족, 연인, 친지들에게 애끓는 작별인사를 남기고 쓰러져 갔다. 아마도 인류 재난 사상 최초였으리라.

10여 년 전 내가 겪은 성수대교, 삼풍백화점 참사에서는 없었던 풍경이다. 휴대폰이 대중화되기 전이었다.

'이거다' 하는 생각이 뇌리를 쳤다. 다 집어 치우고 '마지막 통화' 취재에 매달렸다. 비탄에 잠긴 가족들에게 통화 사연과 나이, 주소, 전화번호를 캐물어야 했다. 몹쓸 직업이다.

피아노 레슨을 받으러 간 딸의 "아버지, 구해 주세요." 신혼의 단꿈이 채 가시지 않은 새댁의 "오빠 사랑해." 모두가 디지털 시대가 빚어낸 가슴 저린 풍경이었다.

위의 기사를 읽어 보면 마지막 통화들의 공통분모를 찾아낼 수 있다. 하나같이 "…사랑해", "…용서해 주세요", "…고마웠어"로 끝맺고 있다. 이승과 저승의 경계선상에서 그들은 모두 사랑과 감사, 사죄의 인사를 남기고 사라져 갔다.

새는 마지막 지저귐이 가장 아름답고 사람은 마지막 말씀이 가장 아름답다고 했던가. 그때 나는 생각했다. 나라면 누구에게 어떤 말을 남기고 갈 것인가. 우리 모두 언젠가는 마지막 인사를 해야 할 때를 맞게 된다.

기자도 눈물을 참기가 힘들었던 대참사였다. 사고 이튿날부터 대구 중앙로역에는 가족, 연인, 친구들의 추모 사연들이 빼곡하게 나붙기 시작했다. 시커멓게 그을은 벽 위 색색의 종이에 손 글씨로 쓴 사연들. 처연한 풍경이었다.

'그동안 고생만 하다가 이제 살만하니 왜 먼저 가려 하시오….'

'길거리에 나서면 지나가는 아줌마만 봐도 자꾸자꾸 눈물이 나와. 엄마 빨리 집으로 와. 어서….'

모두가 시인이었다. 서울에서 지인들이 찾아오면 먼저 이 곳으로 안내했다. 그들 또한 이 글들을 읽고는 눈시울을 붉혔다. 어느 지역신문에서는 추모 사연 특집면을 만들기도 했다.

울면서
봄이 가는 것을 본다

울면서 봄이 가는 것을 본다

축복은 神의 몫이라지

불행은 또 누구의 몫으로 남아

긴 갈증의 그림자를 드리우며

피곤한 발자국을 남기는가?

갑년甲年을 바라보는 봄의 한때

처연히 지는 꽃을 보면서

상장喪章처럼 울고 있다

검은 봄을 본다

봄은 내면으로 오는 것이지~

(판독불능)

누구인지는 모르지만 이승에서의

그리운 이를 떠나 보내고
홀로있는 시인에게 눈물의 꽃잎조차
슬픈 무늬로 확인되어
처절해진다
모처럼 맞이하는 이 봄도 그에게는
긴 갈증을 드리우노니
검은 봄 이외는 아무 것도 아니다
가슴 저미는 현대의 엘레지다

(판독불능)

– 대구지하철 참사 현장에서 발견된 詩 –

옛 편지지 3장 분량이었다. 붉은 색 세로 실선이 그어져 있어 족보책 용지로도 보였다. 푸른색 싸인펜의 기운 찬 필체였다. 아버지 세대처럼, 일제시대 때 한글을 배운 이들의 독특한 필체.

소방관들의 진화작업으로 물에 젖고 찢어져 있었다. 절반 정도만 읽을 수 있었다. 현장 유류품들은 당시 한 달간 대구시민회관에 전시돼 있었다. 그러나 이 시에는 아무도 나타나지 않았다. 여기저기 알아보니 미발표 작품이었다.

이른 봄의 단상斷想과 처연한 서정이 반복된다. 참사를 예감한 듯해 섬뜩하기도 하다. '갑년을 바라보는 봄의 한때'에서는 시인의 나이도 짐작된다.

이 시의 장본인이나 가족들을 찾아내려 애썼다. 이 시에 얽힌 얘기들을 쓰고 싶었다. 몇년이 지난 후에도 '혹시나' 하며 수소문을 거듭했다. 지금은 다시 땅속에 묻혀있다. 대구 칠곡공원묘지 내 대구지하철참사 희생자 유류품 보관용 관이다.

한 달 이상 이 사고에 매달렸다. 문득문득 '악마의 기획'이 아닌가 하는 생각이 들었다.

꽃샘바람이 몰아치는 지하 승강장. 전동차 2대가 반대편에서 달려와 거의 동시에 도착한다. 한 전동차에서 정신이 온전치 않은 이가 불을 낸다. 불은 세찬 바람을 타고 건너편 전동차로 옮겨 붙는다.

지옥 같은 화마와 연기 속. 희생자들은 끝도 없는 계단을 더듬어 지상으로 탈출하려 한다. 그러나 마지막 순간에 가로 막힌다. 지하철역과 이어진 지하상가의 방화벽이 자동으로 내려오기 때문이다. 땅 밑에서는 바람을 몰아쳐 불을 키우고 지상으로는 벽을 친 것이다.

지하 승강장에서 철길을 따라 사고현장을 탈출했더라면… 부질없는 생각도 해보았다.

이후 전국 지하철의 푹신한 의자도 철제 의자로 바뀌었다. 호들갑이라는 생각이 들었다. 인생의 행幸과 불행不幸이 그들의 손을 떠나 있는 경우가 얼마나 많을 것인가. '울면서 봄이 가는 것을 본다'던 시인도 그런 생각이었을까.

아,
천안함

백령도=정기환, 임현욱 기자 대청도=강기헌 기자
[중앙선데이] 제159호. 입력 2010. 03. 28

"병사들, 배 앞머리에 달라붙어 살려 달라 외쳐"
3·26 해군 초계함 침몰
백령도 주민들이 전하는 당시 상황

"병사들이 천안호의 선수 쪽에 달라붙어서 '살려 달라'고 외치는가 하면 물에 뛰어든 병사들도 있었습니다."

연안부두를 떠나 6시간이 지난 27일 오후 2시에 도착한 서해 최북단 백령도의 파도는 거셌다.

구조작업으로 어수선한 백령도 주민들 사이에서는 지난밤의 구조상황을 설명하는 얘기가 돌고 있었다. 백령면 장촌리의 몽돌 해안에는 해병대원들이 곳곳에 눈에 띄었다. 파도에 밀려올지도 모를 천안호의 잔해 수색작업이 한창이었다.

천안함이 침몰한 서해 백령도 인근 해상에서 27일 해경과 해군이 함정과 헬기를 동원해 실종 장병 수색을 하고 있다. [백령도=김태성 기자]

마을로 통하는 도로에는 헤드라이트를 켠 군용 지프들이 분주하게 달려 긴장감을 자아냈다. 해변으로 나가는 길목마다에는 임시 검문소를 설치해 출입을 통제하고 있었다.

어업지도선 가운데 현장에 가장 먼저 도착한 227호 어업지도선 선장 김정석(56) 씨는 함정에 남아 있던 병사 1명과 물에 빠진 병사 1명을 구조해 백령도로 후송했다. 김 선장은 "현장에 도착해 머리에 부상을 입은 병사, 하사였는데 담요에 싸서 옮겨 실었다. 그 사이에 전탐장 한 명이 구명뗏목에 로프를 묶기 위해 물에 뛰어들었다"고 설명했다.

216호 어업지도선 선장 김윤근(58) 씨는 "밤 10시께 연락을 받고 도착하니 천안호는 이미 선수 부위만 해상에 남아 있었다"고 말했다. 고속경비정들이 병사들을 구조해 후송한 뒤여서 김 선장의 배는 함장용 등 구명동의 4개만 수거해 돌아왔다. 김 선장은 "거센 파도로 천안호가 하룻밤새 연화리 앞바다에서 장촌리 앞바다로 밀려와 있었다"고 말했다.

김 씨를 포함한 백령도 주민, 주둔 군인, 어업지도선 선원들은 밤새 거친 파도 속에서 구조작업을 펼쳤다. 구조작업은 26일 오후 10시께부터 이튿날 오전 3시 30분까지 계속됐다고 한다. 어업지도선은 27일 오전에도 사고해역으로 출동했으나 파도가 워낙 높아 철수했다.

장촌리·중화동·두무진 등 사고 해역 주변 주민들은 대부분 침몰 당시를 보지는 못했다. 해변에서 멀리 떨어진 바다인 데다 밤이 깊었기 때문이다. 군이 구조를 위해 조명탄을 쏜 뒤에야 바다의 상황을 알 수 있었다고 한다.

"지금 여기 주민들은 평소처럼 생활하고 있어요. 어제 저녁부터 군인들이 정신없었죠. 민간인이 할 수 있는 일이 많지 않으니 우리들은 평소처럼 자기 할 일을 하고 있어요."

백령도에서 개인 택시 운전을 하는 정영암(51) 씨는 "어제 밤 10시 경 시내에 군인들이 갑자기 한꺼번에 쏟아져 나와 택시 잡느라 난리가 났죠"라고 말했다. 시간이 조금 지나자 바닷가 쪽에서 '쿵쿵' 소리가 나면서 환하게 밝아졌다고 했다. 그는 "그때까지도 주민들은 무슨 일인지 모르는 사람이 많았는데 나는 군인들 태우고 부대에 가면서 배가 침몰했다는 걸 바로 알게 됐어요"라고 말했다.

장천리 주민 배정진(60) 씨는 "백령도는 북한에서 가장 가깝지만 그간 비교적 평온했다"며 "원인이 뭔지는 모르지만 젊디 젊은 병사들이 사고를 당해 안타깝다"고 말했다.

　　2010년 3월 26일 금요일, 천안함은 한밤중에 폭침됐다. 이튿날 이른 새벽 연안부두에서 백령도로 향했다. 풍랑이 심해 지난밤 술이 올라올 지경이었다. 해군을 취재하라며 대청도에 후배 하나를 떨어뜨렸다. 평소보다 1시간 반이 더 걸린 6시간 만에야 백령도에 올랐다.

　　길을 몰라 택시를 대절해 취재를 다녔다. 이 기사도 택시기사 집 거실에서 써 보냈다. 그 집에서 끓여준 라면이 그 날의 첫 끼니였다. 그날 저녁 후배들과 용기포에서 먹은 홍어회는 대단했다. 백령도 남쪽 대청도는 예전에는 이름난 홍어 산지였다.

　　1개월 이상 백령도 섬살이가 이어졌다. 옷을 가지러 두 차례 집에 다녀왔다. 한 후배 여기자 는 '백령도 해녀'라는 별명도 얻었다. 개나리 한 떨기 피지 않는 추운 섬이었다. 뭍에서는 벚꽃놀이가 한창인 때였다.

　　하얗게 파도가 밀려오는 연화리 해안. 진주가 고향인 해병 초병은 훈련받은 대로 바다만 응시하고 있었다. 비 내리는 중화리 해안에서 석화^(자연 산 굴)를 캐다 한 입 건네주던 할머니들. 모두 그 시절의 풍경이다.

　　백령도 도착 4일 만에 한주호 준위가 순직했다. 바람이 몹시 불고 바다가 거친 날이었다. 그날 나는 'UDT 입수' 소식을 듣고 장촌리 백사장으로 나갔다. 한 준위의 전역한 후배들을 만났다. 그들은 UDT^(수중폭파대)와 SSU^(해군 해난구조대)에 관한 여러 얘기들을 들려주었다. 말끝마다 '한 선배' '한 선배'라며 그들의 스승이자 선임을 자랑스러워했다. 백사장을 떠난 지 수 시간 만에 한 준위의 순직 소식이 전해졌다.

　　며칠 후 백령도에서 돌아온 날. 고향선배 한 분이 3백만 원을 들고 찾아왔다. "멋진 남자^(한 준위)를 위해 쓰일 수 있도록 전해 달라"고 했다. 그때 우리 모두가 같은 마음이었다.

10여 일이 더 지나서야 바다 밑 천안함 위치가 확인됐다. 생존 여부와 침몰 원인을 두고 취재경쟁이 벌어졌다. 풍랑 속에 배를 타고 바다로 나가는 생활이 지속됐다. 구조현장 바다에서 작은 실마리라도 찾으려는 것이다. 고된 하루가 저물면 후배들과 진촌리의 맥주나라를 찾았다.

마침내 함체를 건져 올리던 날 아침. 용틀임 바위의 풍경은 잊혀지지 않는다. 바로 앞 바다에서 거대한 기중기가 함체를 들어 올리는 작업에 들어갔다. 1백여 취재진의 시선이 쏠렸다.

이때 수천 마리의 하얀 갈매기들이 바위 절벽을 뒤덮었다. 갈매기들의 군무群舞는 하얀 세일러복의 수병들을 연상케 했다. 저 차가운 바다 밑에 갇힌 젊은이들이 갈매기가 되어 돌아온 느낌이었다. 러시아 민요 '백학'이 생각났다. 조국을 지키느라 산화한 젊은 병사들. 그들은 백학이 되어 고향으로 날아온다는 노래가 아니던가.

1주년, 2주년 때도 백령도엘 갔다. 2013년 3주년 때는 종민, 창현, 옹수 등 친구들도 다른 일로 동행했다. 가장 마음 가벼웠던 백령도 출장길이었다.

"맞아도 오지게 한방 맞았드만"

[중앙일보] 입력 2010. 04. 14 02:12 / 수정 2010. 04. 14 03:13

"함미 절단면 온통 찢겨지고 너덜너덜…
세계 한 방 맞은 느낌"

"천안함 함미의 단면은 온통 찢겨져 있었다." 12일 함미를 수면으로 끌어올려 수심이 얕은 곳으로 이동시켰던 해상 크레인 '삼아 2200호' 김도선 이사의 말이다. 그는 13일 본지와 전화 인터뷰에서 "온통 일그러진 모습을 보고 가슴이 너무 아팠다"고 말했다.

함미 수면 이동 작업을 지휘했던 정성철 88수중개발대표는 "맞아도 오지게 맞았드만(맞은 것으로 추정된다)"이라고 해석을 붙였다. 인양 당시 삼아호에 타고 있었다는 정 대표는 "절단면이 매끄럽기는커녕 너덜너덜한 것이 상태가 아주 안 좋았다"며 "천안함이 무엇엔가 세게 한 방 맞은 느낌이었다"고 말했다.

그는 "한때 함미 데크에서 2m 아래까지 들어 올렸기 때문에 절

단면 거의 대부분을 봤다고 할 수 있다"고 밝혔다.

김 이사는 "전체를 보지 못했기 때문에 단정할 수는 없지만 적어도 그냥 떨어져 나간 모습은 아니었다"고 말했다. 그는 그러나 "천안함이 엄청난 타격을 받고 침몰한 것은 맞겠지만 그것이 어떤 종류인지는 가늠할 수 없었다"고 덧붙였다.

이들은 연돌(가스배출용 연통)이 사라지고 기관실 뒷부분도 날아가버려 군함으로서는 너무 단순한 외양이었다고도 했다. 포대도 겉보기에 멀쩡한 듯 보였지만 옆에서 보니 일부 금이 가 있는 것 같았다고 이들은 전했다. 문짝도 찌그러지고 함상 곳곳의 장비나 무기들이 널브러져 있는 모습이었다.

정 대표는 "날씨가 좋아지면 연돌을 회수하러 갈 계획"이라고 말했다. 천안함의 연돌은 당초 침몰 해역 주변에 떨어져 나와 있는 것을 민간 잠수사들이 확인해 둔 상태다. 함미 인양 당시 박스 1개가 빠져나와 떠내려가는 것을 수거하기도 했다. 정 대표는 "침몰 해역에서 들어 올릴 때 처음에는 대형 크레인에 600t의 부하가 걸릴 때까지 함미를 바짝 들어 올렸다"고 전했다. 그러나 인양 과정에서의 안전을 위해 물속으로 더 내려 부하를 400t으로 맞췄다고 그는 설명했다.

남은 작업과 관련해 민간 작업팀은 날씨만 좋아지면 이번 주 내에 마칠 수 있을 것이라고 전망했다. 김 이사는 "현재 함미에 걸려 있는 두 가닥의 쇠사슬에 한 개만 더 걸면 물 밖으로 끌어올려 바지선에 옮겨싣는 데는 하루면 충분하다"고 말했다.

– 백령도=정기환 기자

백령도 차가운 바다 밑. 천안함 함체를 건져내려는 구조작업이 시각을 다투고 있었다. 그러나 뭍에서는 '암초 좌초' '미군함정과 충돌' 등의 어이없는 논란으로 요란했다. 꽃다운 젊음들이 저 차가운 바닷속에 잠겨 있는데 참으로 가관이라는 생각이 들었다.

처음으로 함체의 절단면을 들여다본 사람과 연결이 됐다. 비 내리는 날, 바다에서의 통화는 바람에 날리는 듯했다. 그는 "맞아도 오지게 맞았드만"으로 모든 것을 설명했다. 암초 좌초니 미군함정 충돌이니 모두 헛말이 된 것이다. 인터뷰는 '딱 한마디'를 건져내는 작업이다.

'익명의 섬'
백령도

[중앙일보] 입력 2010. 04. 06 02:13 / 수정 2010. 04. 07 13:20

서해 최북단 백령도의 삶
안보 얘기 나오면 말문 닫아…
'익명의 섬' 백령도

백령도는 심청전의 무대다. 효녀 심청이가 바다에 몸을 던진 뒤
환생했다는 인당수와 연봉바위 등이 있다. 심청전에서도 안전 항
해를 바라는 어부들이 심청이를 용왕에게 제물로 바칠 정도로 조
류가 거셌다. 백령도는 본래 황해도 장연군의 섬이었다가 휴전 이
후 남·북으로 나눠진 옹진군에 편입됐다.

예전에는 황해도의 뭍으로 가는 뱃길이 10㎞에 불과했다. 진촌
리의 심청각에 올라서면 북한 땅이 손에 잡힐 듯 다가온다. 그러나
휴전 이후 남한 영토가 되면서 인천까지 191㎞로 뱃길이 늘어났고

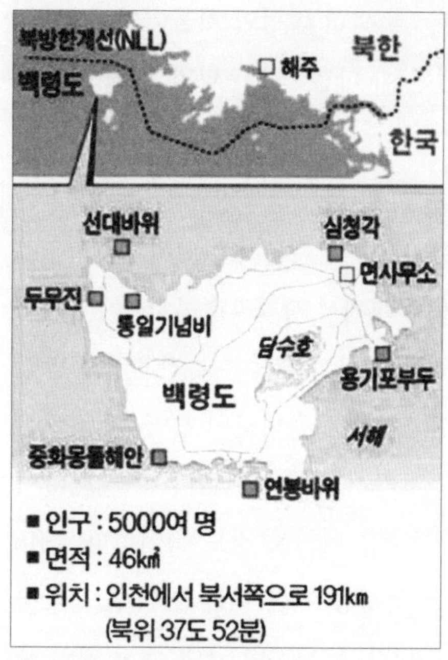

절해고도의 신세가 됐다.

60여 년간 긴장이 걷힐 새 없는 서해 최북단 접경 지역의 삶은 외지인들에게 좀 낯설다. 주민들의 일상이 서해상의 안보 파고와 맞물려 돌아간다. 어선 조업도 포구들의 군 초소에 그날그날 내걸리는 깃발 색깔에 의해 좌우된다. 그 때문에 주민들은 섬 자랑을 하다가도 군이나 안보 문제에 대해서는 함구한다. 이번 천안함 사고에 대해서도 어쩌다 말문을 열어도 누구인지는 밝히기를 거부해 '익명의 섬'으로도 불렸다.

5일 찾은 두무진 앞바다에는 북한의 보트 침투를 막기 위한 쇠말뚝들이 촘촘하게 세워져 있었다. 두무진 포구 입구에는 '반공희

생자위령비'가 서 있다. 1970년 7월 북한 함정이 쳐들어와 조업 중
인 어선들을 끌어갈 당시 희생된 이 마을 어부 4명의 혼을 달래는
비석이다.

  백령도에는 육·해·공군, 해병대가 다 주둔하고 있다. 국내 유일
의 여성예비군 2개 소대는 해병부대에서 사격훈련까지 받는다. 90
년대 초까지만 해도 중학교 3학년 이상 학생들은 사격훈련을 받았
고 학교에 무기고가 있었다. 최고참 여성예비군인 김금순(50) 씨는
"유사시에는 우리 섬을 스스로 지키기 위해 자원했다"고 말했다.
  주민들 90% 이상이 교회나 성당을 나가는 것도 특이하다. 1816
년 영국 해군 머레이 맥스웰이 성경을 전한 이래 언더우드 박사
등 많은 선교사들이 이 섬을 다녀갔다. 1896년 국내 두 번째의 중
화동교회가 선 이후 교회가 12개에 이른다.
  섬이지만 농토가 넓어 '한 해 농사로 3년을 먹는다'는 곳이기도
하다. 유동인구가 주민 수(5,000여 명)만큼 돼 관광산업의 비중이 크
다. 따라서 주민들은 긴장 상태가 관광객 감소로 이어질 것을 늘
걱정한다. 김정섭 백령면장은 "우리 주민들은 국군을 믿기 때문에
평온하게 생업에 종사하고 있다"며 "천혜의 해안 절경을 자랑하는
백령도를 많이 찾아 달라"고 말했다.

– 백령도=정기환 기자

"우리 아들 46명,
두 번 죽이지 마세요"

[중앙일보] 입력 2012. 03. 26 00:41 / 수정 2012. 03. 26 00:52

가족들은 기도합니다,
우리 아들 46명 두 번 죽이지 마세요
천안함 2년,
백령도서 돌아본 2010년 3월 26일 오후 9시 22분

바로 오늘이다. 2010년 3월 26일 오후 9시 22분 백령도 서남해안 앞 2.5㎞ 해역. 북한 잠수함의 어뢰 공격으로 천안함이 두 동강 난 채 침몰했다. 46명의 젊음들은 사랑하는 부모 형제들에게 작별인사도 못 남긴 채 꽃잎처럼 스러져 갔다.

2년의 세월이 흐른 지금도 이 바다는 말없이 물결만 높다. 해안 절벽 위 천안함 46용사 위령탑은 '비록 육신은 죽었다 하나 그 영혼, 역사로 부활해 자유대한의 수호신이 되리라'고 숭고한 혼들을 달랜다. 백령도는 봄이 멀다. 남도에서는 이미 꽃 소식이 전해 온

천안함 46용사 2주기 추모식을 하루 앞둔 25일 대전 갑동 국립대전현충원 천안함 46용사 묘역에는 참배객들의 발길이 이어졌다. 묘역을 찾은 한 여성 참배객(왼쪽)이 슬픔에 북받쳐 얼굴을 가리고 있다. [대전=프리랜서 김성태]

다지만 여기서는 사방을 둘러봐도 영령들에게 바칠 들꽃 한 떨기조차 없다.

그날 이후 우리 사회에서는 어떤 일이 벌어졌던가. 오히려 북한을 편드느라 대한민국을 공격하고 나선 세력들이 백주대로를 횡행하기 시작했다. 그들은 해안 암초에 좌초됐다느니, 선체 피로로 두 동강 났다느니, 미군 함정과 충돌했다느니 하면서 한사코 북한의 소행일 리가 없다고 나섰다.

바다 밑에서 북한제 어뢰CHT-02D 부품을 건져내도 '조작'이라고 했다. 설사 폭침됐다고 해도 '경계에 실패한 것 아니냐'고 했다. 그릇된 논리와 음모론에 취해 한주호 준위나 46용사들의 희생까지 헛된 죽음으로 몰고 가려 들었다.

사고 초기에 만난 한 백령도 어부의 얘기는 지금도 귀에 쟁쟁하다. "제대로 알지도 못하면서, 암초는 무슨 암초, 벼르고 있던 북한에 한 방 맞은 게지."

2001년 미국의 9·11 테러나 2003년 대구지하철 화재사고는 대표적인 모바일폰 시대의 재난으로 꼽힌다. 당시 희생자들은 마지막 순간까지 가족·연인들에게 가슴 저린 최후의 작별인사를 전했다. 얕은 상식으로도 천안함이 좌초나 금속피로, 충돌로 침몰했다면 '마지막 한마디'들이나마 남았어야 하지 않을까.

다시 선거철을 맞아 46용사들을 매도하는 궤변들이 횡행할 조짐이다. 남은 가족들은 애원한다. 추모는 못할망정 두 번 죽이지는 말아 달라고.

왜 이런 꼴이 됐나. 물질적 성취와 안온한 삶 속에 소리 없이 쌓여온 문약文弱의 병폐 때문이다. 정치인과 지식인의 문약은 조선 중·후기 지배계급보다 더 곪아 있다.

그들은 거친 손으로 밭을 가는 대신 입과 혀만 살아 끝없이 '아니 되옵니다' 투의 상소를 올리는 일에 목숨을 건다. 연산군 5년(1499년) 여진족이 함경도와 평안도를 습격해 100여 명의 군사와 백성을 살해하거나 포로로 잡아갔다. 연산군은 즉각 정벌을 위해 2만 병력을 준비시켰다. 하지만 문신들은 "오랑캐의 도발도 하늘이 전하에게 근신하라고 경고한 것"이라는 희한한 논리로 끝내 출병을 무산시켰다. 연산군은 "이처럼 무사武事를 소홀히 하다가 막상 변란이 닥치면 붓을 쥐고 대응하겠는가"라며 탄식했다.

글만 알고 중국을 사대하는 이들만이 득세하는 시대가 이어졌다. 1592년 5월 일본군 1,600명과 조선군 5만 명이 용인 수지에서 부딪쳤다. 일본군의 기습으로 조선군은 대패했다. 1636년 청나라

기병 300여 기와 조선군 4만 명이 경기도 광주 쌍령리에서 맞붙었다. 선봉대 33기가 조선군을 덮치자 조선군 2만여 명은 서로 달아나다 깔리고 밟혀 죽었다.

해군기지를 해적기지로 매도하는 것을 '개념'으로 아는 문약 극성의 시대. 역사는 늘 눈을 부릅뜨고 있어 저를 망각하면 언젠가는 보복을 가해 오는 그 무엇이다.

– 정기환 사회부문 기자

2012년 봄, 천안함 2주년에 다시 백령도를 찾았다. 연화리 해안 절벽 위. '천안함 46용사 위령탑'이 거친 바다를 마주하고 있었다.

지금도 연안부두를 가면 생각난다. 사진부의 고故 김태성 기자. 천안함 폭침 첫 날부터 백령도를 동행했던 후배다. 2주년 때도 같이 가 진촌리에서 늦도록 소맥을 나눴다. 숙소에 돌아와서도 사진편집 작업을 했다. 개인 사진전을 준비한다고 했다.

이튿날 연안부두로 돌아와 소주 한 병씩을 나누고 헤어졌다. 술을 따라 주면 환하게 웃는 착한 눈이었다. 그로부터 1주일여 후, 갑작스레 그의 부음이 전해졌다. 출근길 지하철역에서 쓰러져 세상을 떠났다는 것이다. 사람과 일에 더없이 성실했던 기자였다.

[중앙일보] 입력 2010. 11. 24 01:04 / 수정 2010. 11. 24 10:48

"꽝~꽝" 순식간에 민가 5채 날아가…
주민들 "6·25 끝나고 이런 전쟁 상황은 처음"
연평도가 공격당했다. 포탄 100여 발 떨어진 연평도

23일 오후 2시34분. 연평도에는 '쾅·쾅·쾅' 하는 20발의 포격 소리가 울려 퍼졌다. 포탄이 떨어진 곳마다 시뻘건 불길이 솟구쳤다. 휴전선에서 3.4㎞ 떨어진 연평도가 순식간에 전쟁터로 돌변했다. 포성은 오후 3시 42분까지 이어졌다. 100여 발의 포탄이 연평두에 떨어졌다. 인천 연평면 중부리에 사는 김광춘(52) 씨는 "인천으로 가는 손님을 배웅하러 여객선 부두에 나가 있었는데 포탄 소리가 났고 순식간에 동부리와 중부리가 불바다가 됐다"고 말했다. 그는 "순식간에 집 5채가 날아갔다. 이런 전쟁 상황은 생전 처음 본다"고 덧붙였다.

연평도 부둣가에서 주민과 여행객들이 화염과 연기로 뒤덮인 섬을 바라보고 있다. [연평도 여행객 제공]

　연평도 해병부대에 근무 중인 아들을 면회하고 돌아오던 한미순(52) 씨는 "민박집 승합차로 부두로 가는데 갑자기 차 위로 '빠바빡' 하는 소리를 내며 포탄이 날아가 차에서 내려 차 밑에 엎드렸다"고 당시 상황을 설명했다. 그는 "처음엔 훈련인 줄 알았는데 군인들이 '이것은 실제 상황'이라고 해서 배를 향해 하도 정신없이 뛰어 양쪽 구두를 모두 잃어버리고 양말만 신은 채 배를 탔다"고 말했다. 북한군의 폭격으로 연평도에 있는 대성상회·해성여관·농협·면창고·조기역사관 등을 포함해 주택 21채가 불탔다. 이 중 5채의 주택이 직접 포격을 맞아 형체를 알아보기 어려울 정도가 됐다. 포탄이 떨어진 흔적은 섬 곳곳에 흉터처럼 생겨났다. 주민 박철훈(54) 씨는 "포탄이 도로에 떨어졌는지 도로 한가운데가 10㎝ 정도 깊이로 파였고, 주변에는 40~50㎝ 크기의 포탄 파편도 떨어져 있다"며 "이걸 맞았으면 즉사했을 것"이라고 말했다.

산불도 발생했다. 전체 산림(7.28㎢) 중 76%(5.56㎢)가 불탔다. 불탄 나무 중 해송이 절반을 차지한다. 최철영 연평면사무소 산업팀장은 "청년과 의용소방대, 공무원 등 200여 명이 자발적으로 진화 활동을 하고 있지만, 불길이 거센 데다 장비도 부족해 불 끄는 데 애를 먹고 있다"고 설명했다.

연평도의 하늘은 새카만 연기로 뒤덮였다. 섬 전체가 타오르는 듯한 기세였다. 전기가 나간 집이 절반 가까이여서 마을이 평소와 비교하면 어둡다. KT 송전소가 공격받아 전화·인터넷이 2시간가량 불통이 됐다. KT 연평중계소에서 근무하고 있는 한억수(53) 기사는 "통신시설로 살아 있는 것은 KT 유선전화뿐이다. 일부 마을에서는 그마저 불통이 됐으나 고치러 갈 엄두가 나지 않는다"고 말했다. 3일 전 개인 일을 보러 인천에 나와 있는 장운길 중부리장은 "가족들이 섬에 다 있는데 전화가 불통이라 소식을 알 길이 없어 발만 동동 구르고 있다"며 한숨 쉬었다.

"실제 상황이니, 안내에 따라 방공호로 대피하라"는 면사무소 직원과 경찰의 안내에 따라 주민들은 방공호로 속속 대피하기 시작했다. 오후 5시 55분쯤 연평도 전 주민이 섬 곳곳에 있는 방공호 19곳으로 대피를 끝냈다. 군 관사에 거주하는 군인 가족 162가구(299명)는 군 대피소로 대피했다. 방공호로 대피한 주민들은 오락가락하는 전깃불 사정으로, 촛불·랜턴을 켠 채 바깥 상황을 주시했다. 김광춘 씨는 "부두에 있던 주민들이 마을로 갔다가 다시 안내에 따라 근처 방공호로 대피했다"고 말했다. 주민들이 대피한 이날 오후 마을은 텅 비었다. 방공호로 대피했던 290여 명의 주민이 어선을 타고 인천으로 나왔다.

방공호에 피신한 주민들은 불안해했다. 땅속 깊숙이 콘크리트로 단단하게 만든 방공호지만 2차 포격이 이어져 상황이 더 악화되지 않을까 하는 걱정 때문이다. 옹진군 연평면 서부리 최율(55) 씨는 "주민 40~50명과 방공호에 대피해 있지만 전기가 들어오지 않아 랜턴만 켜 놓고 주민 중 누가 다쳤는지, 죽었는지 알지 못해 주민들이 답답해하고 있다"고 말했다. 또 "불이 났는데 진화할 사람이 없어서 산으로 번지고 있어 사태가 심각하다"고 덧붙였다.

– 인천=정기환·한은화 기자

2010년은 인천 기자들에게 전쟁터였다. 천안함 사태가 가라앉은 지 불과 몇 달 만에 다시 연평도가 불탔다. 천안함 취재에 참가했던 기자들이 대거 인천으로 내려왔다. 포격과 함께 뱃길마저 끊겨 버렸다. 유사시를 위해 쌓아 두었던 섬 주민 연락처가 취재에 큰 힘이 됐다.

이날 수천 명의 연평도 주민들이 연안부두로 피난을 왔다. 한밤중에 각자의 어선들을 타고서다. 6·25 이후 처음 빚어진 보따리 피난이었다.

더 이상의 포격이 없자 후배 2명이 연평도에 들어갔다. 개 짖는 소리만 들리는 빈 섬이라고 기사를 보내왔다. 피난민들은 찜질방에서 피난 생활을 했다. 그들과 고락을 같이하는 시간이 이듬해 초까지 이어졌다.

눈물의 연평도

[중앙일보] 입력 2010. 11. 24 20:35 / 수정 2010. 11. 25 01:17

[노트북을 열며] 머나먼 서해 5도

연평·소연평도와 대청·소청도 및 백령도는 서해 5도로 불린다. 인천에서는 150~200㎞나 떨어져 있지만 북한 황해도 해안과는 십수㎞ 거리에 있다. 접경지역에 대한 지원도 있지만 군사상의 이유 등으로 툭하면 어로활동이 통제된다. 고립감과 불안감도 이들 섬 주민들의 공통점이다.

연평도 어장은 예로부터 황금어장으로 꼽혀 왔다. 1970년대 초 히트했던 조미미의 '눈물의 연평도'도 조기잡이를 나갔다가 태풍에 휩쓸려 간 임을 그리는 섬 여인의 한을 담은 노래다. '조기를 듬뿍 잡아 기폭을 달고…'로 시작돼 '갈매기도 우는구나'에 이르면 절로 울음이 터질 듯하다.

‘개도 1만 원짜리를 물고 다닌다’는 말도 연평도에서 비롯됐다. 60년대 말까지만 해도 철쭉꽃이 필 무렵이면 연평도 조기 파시波市가 열렸다. 전국에서 3,000여 척의 고깃배가 몰려들어 조기잡이 등불이 불야성을 이뤘다. 술집 작부만 1,000여 명을 헤아리는 저잣거리는 50여 일 동안 흥청댔다.

그런 연평도가 23일 북한의 무차별 포격으로 충격과 비통에 휩싸였다. 포격으로 폐허가 된 지역은 60여 년 전만 해도 장을 보거나 자식들 교육을 위해 거룻배를 타고 수시로 드나들던 황해도 해안이다. 정전 이래 연평 해역에서는 남북 간의 군사 충돌이 끊이지 않았다. 1월에도 바다 위로 북한의 장사정포가 떨어졌고 1999년과 2002년에는 1, 2차 연평해전이 벌어졌던 바다다.

이 같은 충돌이 빚어질 때면 인천에 주재하는 기자들만이 공유하는 고민이 하나 있다. 비상사태로 여객선이 끊겨 전화 취재를 하면 주민들은 하나같이 ‘우리는 아무렇지도 않은데 웬 호들갑이냐’고 답해 온다. 60여 년 가까이 반半군사전문가가 될 정도로 남북 간의 충돌을 지켜본 데다 먼 바다에서 벌어지는 전투여서 무감각할 수도 있을 것이다. 그렇다고 바다에서는 젊은 목숨들이 왔다 갔다 하는 판에 ‘연평도는 천하태평’이라고 쓸 수는 없어 기자들은 고민 아닌 고민을 한다.

그러나 이번은 확연히 다르다. 주민들이 사는 마을에 북한이 작심한 듯 포탄을 퍼부었기 때문이다. 정전 이후 첫 직접 공격에 연평도 주민들은 뭍사람들이 상상할 수 없을 정도로 큰 충격을 받았다. 23일 북한의 포격으로 연평도에 도착한 여객선이 급히 회항할 때 승무원이 목격한 장면도 그렇다. 70대의 한 노인이 부두로 달려나와 "나 좀 살려줘"라며 울부짖는 모습에 여객선을 다시 접안시키지 않을 수 없었다고 한다. 이날 밤 늦게 피난 주민들을 싣고 인천 연안부두에 도착한 어선의 한 선장은 "포탄이 쏟아져 불바다가 된 마을에서 선 채로 오줌을 싸버리는 중년 여인을 보기도 했다"고 전했다. 이번 포격으로 연평도는 더 이상 사랑과 낭만, 뱃노래의 울림을 들을 수 없을 것이라는 우려도 제기된다.

사랑하는 뱃사람을 그리며 울었던 '눈물의 연평도'가 생업 터전과 사랑하는 자식과 형제를 잃은 '폭격의 연평도'가 됐기 때문이다. 정부도 국민들도 최북단 서해 5도 주민들의 불안감을 더 이상 남의 일로 여기서는 안 되는 이유다.

– 정기환 경기 · 인천 취재팀장

연평도 얘기가 지면을 뒤덮는 날이었다. 기자칼럼 '노트북을 열며'도 테마가 급히 바뀌어 30분 만에 쓴 글이다.

〈눈물의 연평도〉는 익숙한 노래였다. 어릴 적 고향 어촌마을에서 노동요 삼아 불리던 노래였다. 고향친구 하나가 특히 이 노래를 구성지게 잘 불렀다. 어릴 적 궂은 날이면 친구들끼리 횟감잡이 그물을 끌러 바다로 나가곤 했다. 비가 오고 바람이 불면 고기떼가 얕은 바다로 몰린다. 파도에 휩쓸리면서도 〈눈물의 연평도〉나 〈서산 갯마을〉을 부르며 그물을 끌었다. 그 시절의 장면들을 생각하며 쓴 글이다.

1. 조기를 담뿍 잡아 기폭을 올리고
   온다던 그 배는 어이하여 아니 오나
   수평선 바라보며 그 이름 부르면
   갈매기도 우는구나 눈물의 연평도
2. 태풍이 원수드라 한많은 사라호
   황천 간 그 얼굴 언제 다시 만나보리
   해 저문 백사장에 그 모습 그리면
   등대불도 깜박이네 눈물의 연평도

연평도
풍어제 습격사건

[중앙일보] 입력 2011. 04. 12 01:48 / 수정 2011. 04. 12 01:59

[취재일기] 불청객 정치인, 연평도 풍어제 습격사건
민주당·민노총·전교조 300여 명
풍어기원 뒷전으로 몰려가 정치집회
주민 "꽃게들 놀라 다 도망가겠다"

11일 오전 10시 인천시 옹진군 연평도의 당섬 선착장. 이날 오전 8시에 인천 연안부두를 출항한 여객선이 닿자 300여 명이 넘는 육지 손님이 내렸다.

이날은 13일부터 시작되는 봄 꽃게잡이를 앞두고 연평도 풍어제가 열리는 날이었다. 지난해 11월 북한의 포 공격으로 가을 꽃게잡이가 중단된 이후 5개월 만의 출어인 셈이다.

이곳 어민들은 9일 저녁부터 해변에 굿당을 차리고 전야제를 치

11일 인천 연평도에서 열릴 예정이던 '풍어제'가 외지인 300여 명이 몰려들면서 '서해 5도 평화풍어 기원제'로 변질됐다. 이날 참가자들이 현수막을 들고 연평도 선착장까지 행진하고 있다. [연합뉴스]

렀다. 굿당 정면에는 이 섬의 수호신 격인 임경업 장군의 초상이 걸려 있었다. 연평도 풍어제는 조선 인조 때 임경업 장군이 청나라를 치러 연평도 바다를 지날 때부터 비롯됐다. 물과 부식을 얻기 위해 섬에 들렀던 임 장군이 해변에 가시나무를 꽂아놓으니 썰물 때 조기가 하얗게 걸려 있었다고 한다. 이때부터 연평도 조기잡이가 시작되고 주민들은 사당(충민사)을 지어 매년 정월 대보름날마다 풍어를 기원하는 제사를 지내왔다.

원래 연평도 풍어제는 해마다 봄 꽃게잡이가 시작되는 3월 초에 열려 왔다. 그러나 올해는 지난해 북한의 포격 때문에 내버려 두었던 꽃게 그물을 건져내느라 늦어졌다. 한 달 더 기다리는 만큼 어민들의 기대는 컸다. 그런데 올해엔 불청객들이 들이닥쳤다. 이날 배를 타고 연평도를 찾은 육지 손님들은 주로 인천 지역의 민주당·민주노총·전교조·시민단체 관계자였다. 이들은 풍어제를 핑계로 연평도에서 대규모 정치 집회를 열었다. 어민들의 정성과 희망을 담으려 했던 풍어제는 '서해5도 평화풍어기원제'로 바뀌었다.

행사는 오후 1시 연평운동장에서 '평화풍어 선포식'으로 본격화했다. 큰 북 공연으로 시작돼 인천 4개 종단(불교·기독교·천주교·원불교)의 평화기원 의식·평화풍어음악회로 이어졌다. 마지막에 평화선언문 선포·전달식이 있었다. 내용은 '전쟁 참화를 불러올 수 있는 긴장고조는 중단돼야 한다. 남과 북은 대화와 협력을 통해 무력충돌 가능성이 있는 서해5도 접경지역을 평화로운 상생의 지역으로 만들어야 한다'는 것이었다. 섬마을의 풍어제가 평화를 빙자한 정치집회로 바뀌는 순간이었다.

정작 섬 주민들은 시큰둥했다. 한 어민은 "'제발 꽃게 많이 잡게 해주세요'라고 빌어야 풍어제지 무슨 선거판 같다"고 했다. 다른 주민은 "이런 정치 궐기대회 소리에 놀라 꽃게가 다 도망가겠다"며 어이없다는 표정을 지었다. 길을 잃은 정치는 호랑이보다 무섭다고 했다. 비극을 겪은 섬마을의 풍어제까지 파고든 정치 과잉 현실이 씁쓸한 뒷맛을 남겼다.

- 정기환 사회부문 기자

포격 이후 연평도로 3차례 찾아갔다. 연안부두에서 2시간이면 당섬 선착장에 닿는다. 선착장에 서면 한눈에 들어오는 섬이다.

조기역사관의 흑백 사진들이 눈길을 끈다. 1960~70년대 조기 파시波市가 서던 시절의 모습이다. 마을에는 초가집이 대부분이다. 포구의 어선들은 모두 돛을 단 배다. 포구와 마을은 도시 번화가처럼 사람들로 북적인다. 그 많았다는 조기떼들은 다 어디로 갔을까.

해안 언덕 위에는 '조난 어부 위령비'가 세워져 있다. 돛배에 의지해 조기를 잡아 올리던 시절의 유산이다. 산마루 망향전망대에 서면 북한의 옹진반도가 손에 잡힐 듯 다가온다.

우도 해병의 연가

[중앙일보] 입력 2013. 05. 03 01:15 / 수정 2013. 05. 03 01:20

0.5㎢ 외딴섬 … 주민은 해병·해군뿐

썰물 땐 경비 구역 10배로 늘어나

북 도발 감시 서해5도 최북단 우도

서해5도의 막내 섬 우도는 봄이 늦다. 1일 해군 공기부양정을 타고 찾은 우도에는 이제 개나리, 참꽃이 피고 있었다.

주민은 한 사람도 없고 해병·해군만이 지키는 절해의 고도다. 서해 5도 중 어느 섬보다도 북녘 땅과 가깝다. 대사리 때면 바닷물이 빠지며 연백평야까지 모래톱으로 이어진다. 북한이 또 한 번 도발해 올 경우 첫손가락에 꼽히도록 긴장이 가시지 않는 곳이다. 이곳이 점령되면 수십㎞ 남쪽의 인천공항·인천항으로 가는 하늘길과 뱃길이 위협받게 된다.

| 1일 서해5도 최북단 우도의 벌컨포 진지에서 해병들이 경계근무를 서고 있다. [정기환 기자]

우도는 연평도에서 동쪽으로 25km, 강화군 말도에서 서쪽으로 14km 거리에 있다. 면적이 0.5km²여서 해병들은 "축구공을 너무 세게 차면 안 된다"고 엄살을 부렸다. 북방한계선NLL까지 6km이며 북한의 함박도와 용매도는 눈에 잡힐 듯 다가온다.

이 섬에는 1952년 1월 해병이 들어와 주둔하기 시작했다. 박정인 주임원사는 "62년간 수천 명의 해병이 지켜낸 살아있는 해병 혼魂의 섬"이라고 말했다. 해병 기수도 10기부터 지난해 가을 상륙한 1166기까지 이어져 내려왔다. 우도경비대장 송호일 소령은 "우도 절대사수를 지상목표로 장병 모두 사기충천해 있다"고 보고했다.

섬 곳곳에는 과거 주민들 삶의 흔적인 패총(조개무덤)이 드러나 보였다. 2개가 남아있는 산소는 병사들이 풀을 깎아 말끔했다. 오후 3시가 되자 섬의 사방으로 방대한 면적의 모래톱이 떠올랐다. 송 소령은 "썰물 때면 경비 구역도 10배 이상 불어나는 셈"이라고 말했다. 모래톱 때문에 일반 선박은 우도 접근이 쉽지 않다. 이곳 병사들은 휴가 때도 고속단정으로 연평도에 가 다시 여객선으로 집

60

에 가야 한다. 고립된 환경이어서 전우애는 더 끈끈하다. 박 주임 원사는 "제대병이 섬을 떠나는 날이면 작은 포구가 눈물바다가 된 다"고 전했다.

조윤길 인천시 옹진군수 등 장병위문단이 이날 부대식당에서 위문잔치를 베풀었다. 인천 영흥도의 '북경전통손짜장' 식당 직원 들이 총출동해 수타면을 뽑아냈다. 유환준 일병(1165기)은 순식간 에 한 그릇을 비우며 "이것도 전투태세"라고 말했다. 김정훈 병장 (1150기)은 '연평 포격' 세대의 해병이다. 그는 3년 전 포격사태에 자 극받아 재수 끝에 해병모를 쓰게 됐다. 김 병장은 "훈련을 받으며 연평도로 갔으면 했는데 우도까지 오게 됐다"며 웃었다.

– 우도=정기환 기자

2013년 봄 서해5도 중 가장 가기 어려운 우도를 갔다. 민간인이 한 명 도 살지 않는 섬이다. 섬 나들이에 이골이 나 주저 없이 따라 나선 길이었 다. 외딴 섬에서 청춘을 보내는 신세대 해병들. 그러나 표정들은 그날의 봄빛처럼 밝았다. 우도에서 근무한 해병들만의 노래가 있다.

'산 너머 가지 위에 초생달 뜨면/머얼리 고향 생각 밤을 지새고…(우도 해 병의 연가)'

기사가 나간 날, 한 어머니로부터 연락이 왔다. 해병대에 간 아들 모습 을 신문에서 봤다며 목소리가 떨렸다. 섬 초소에서 만난 신참 정 일병이었 다.(앞 페이지 사진 왼쪽 병사) 아들이 나온 사진 원본을 받고 싶다고 했다. 보내 줬더니 만년필 선물을 보내왔다. 이 땅 모든 어머니의 마음이리라.

그들은 어부가 아니라 해적이었다

[중앙일보] 입력 2011. 12. 13 01:16 / 수정 2011. 12. 20 16:12

불법조업 중국 선장, 해경특공대 흉기로 찔러…
1명 사망, 1명 중상

우리 영해에서 불법으로 물고기를 잡아가던 중국 어부들이 이젠 해적으로 돌변했다. 12일 오전 인천 앞바다

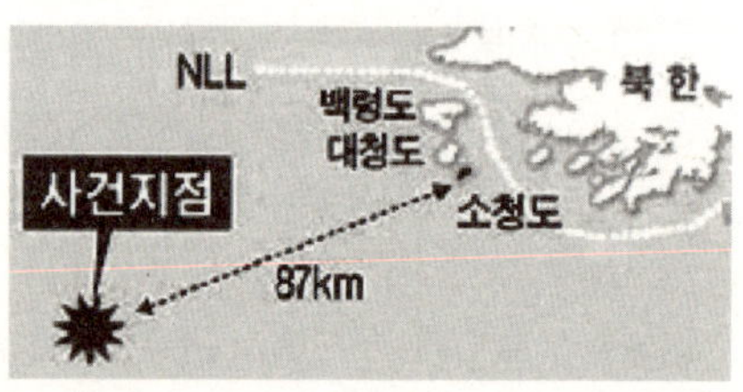

소청도 근해에서 불법조업 중인 중국 어선을 단속하던 해경특공대원 이청호(40) 경장이 중국 선장이 휘두른 흉기에 찔려 숨졌다. 함께 작전 중이던 이낙훈(31) 순경도 부상을 입었다. 우리 해역에서는 올해만 471척의 중국 어선이 단속됐다. 최근 5년간 중국 어부들의 폭력에 해양경찰 두 명이 숨지고 28명이 다쳤다.

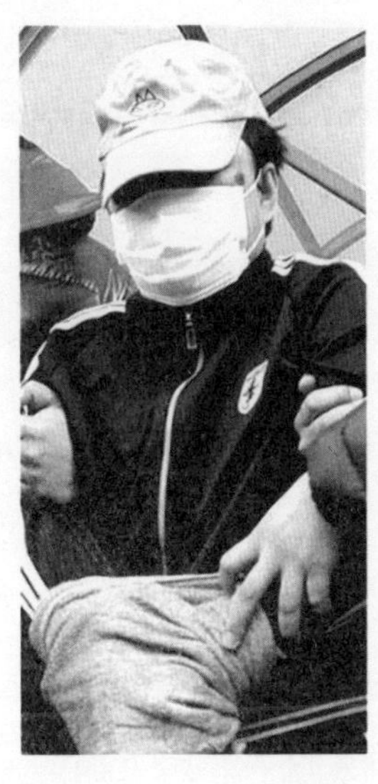

중국 선장 살인 혐의 압송 12일 오전 인천시 소청도 인근 해역에서 불법 조업 중인 중국어선 나포 작전에 나섰던 해경특공대원 1명이 숨지고 1명은 부상을 입었다. 흉기를 휘두른 중국어선 선장이 12일 오후 인천해양경찰서로 압송되고 있다. [강정현 기자]

하지만 이날 중국 외교부 류웨이민劉爲民 대변인은 "한국과 밀접하게 협조해 타당하게 처리하고자 한다"며 "(체포된) 중국 어민에게 인도주의적 대우를 해주길 바란다"고 밝혔다. 피살된 우리 특공대원에 대한 조의나 유감 표명은 없었다. 박석환 외교통상부 제1차관은 이날 장신썬張森 주한 중국대사를 불러 강력 항의하고 중국 정부의 유감 표명과 재발 방지 약속을 요구했다.

사고는 오전 7시쯤 소청도 남서쪽 87㎞ 해상에서 발생했다. 인천해경 소속 3005함은 오전 6시쯤 우리 측 배타적경제수역EEZ을 1.5마일 침범한 중국 어선 두 척(66t급)을 발견하고 나포에 나섰다. 해경은 중국 어선 한 척을 정지시키고 특공대원 등 8명을 승선시켰다. 이때 다른 한 척이 단속을 방해하기 위해 특공대원이 올라탄

어선을 고속으로 들이받았다.

배가 심하게 흔들리면서 조타실에서 수색작업 중이던 이 경장과 이 순경이 중심을 잃자, 선장이 깨진 유리조각으로 찔렀다는 것이다. 해경은 청다웨이(程大偉, 42) 선장 등 중국 선원 9명을 인천해경으로 압송해 조사 중이다.

- 인천=정기환 기자, 김수정 기자

해양경찰청은 인천 송도에 있다. 봄, 가을 서해바다에서는 중국어선들과의 전쟁이 벌어진다. 이 사건 이후 해경은 특공대를 더 강화했다. UDT, 특전사, 해병대 등 특수부대 출신들만을 특채했다.

중국 어선들은 왜 이다지도 필사적인가. 중국 국내에서도 소득이 늘어나면서 수산물 수요가 급증해서다. 위험부담이 있지만 그만큼 벌이가 좋기 때문이다.

같은 서해바다 꽃게도 누가 잡느냐에 따라 운명이 갈린다. 중국어선이 잡으면 중국산, 우리 배가 잡으면 국내산 꽃게가 된다. 중국을 거쳐 수입되면 중국산 꽃게인 것이다. 한때는 바다 위에서 중국어선과 우리 어선 간에 직거래도 있었다고 한다. 중국산이 될 뻔했다가 순식간에 국내산으로 바뀌는 것이다.

'그놈 목소리'처럼 당했다

[중앙일보] 입력 2007. 03. 16 04:46 / 수정 2007. 03. 16 10:41

20대, 유흥비 등 1억 빚지자 초등생 유괴 살해
전화·CCTV 추적 검거

11개월 된 자식을 둔 20대 남자가 돈 때문에 어린이를 유괴해 숨지게 하는 사건이 발생했다.

인천 연수경찰서는 15일 인천시 연수구 송도국제도시에서 집으로 돌아가던 박 모(8, 초교 2년) 군을 납치, 사망케 한 이 모(29, 전과 3범) 씨를 특정범죄가중처벌 등에 관한 혐의로 긴급체포했다.

범인은 경찰에서 "송도국제도시 주민들이 돈이 많을 것으로 생각해 이곳 아파트의 어린이들을 범행 대상으로 노렸다"고 진술했다.

숨진 뒤에도 부모에게 협박전화

끔찍한 범행이었다. 이 씨는 11일 오후 1시 30분쯤 인천시 연수

유괴 4일 만에 숨진 채 발견된 박 모(8) 군의 받아쓰기 공책이 15일 인천 M초등학교 박군의 책상에 조화와 함께 놓여 있다. 100점을 맞은 공책이 가슴을 아프게 하고 있다. [연합뉴스]

구 송도국제도시 J교회 앞 길을 가던 박 군에게 길을 묻는 척하며 자신의 견인차에 강제로 태웠다. 이 씨는 포장용 비닐테이프로 박 군의 입과 손발을 묶었다. 입을 막을 때는 테이프를 뒤통수까지 돌려 묶었다. 박 군의 목소리를 녹음할 때만 잠시 테이프를 벗겨줬을 뿐이었다. 이 씨는 차량 뒷좌석에 박 군을 감금한 채 인천, 부천, 시흥 등을 돌아다니며 박 군의 집으로 전화를 걸었다.

이 씨는 유괴 직후인 11일 오후 2시 50분쯤 박 군 어머니의 휴대전화로 "1억 3,000만 원을 준비하라"며 첫 전화를 건 이후 검거되기까지 모두 16차례 협박전화를 했다.

사건 당일 오후 11시쯤 박 군이 숨지자 이 씨는 마대 자루에 박 군의 시신을 담아 인천 남동공단 유수지에 버렸다. 박 군이 숨진 뒤인 12일 오후에는 "아빠 보고 싶어요" "아빠 나 (집에) 데려다 준대" 등 미리 녹음해 둔 박 군의 목소리를 들려주기도 했다.

이 씨는 경찰에서 "뒷좌석에 있던 박 군이 질식 사망했다"고 진술했으나 경찰은 유괴 초기에 살해했을 가능성이 큰 것으로 보고 부검을 의뢰했다.

2억 5,000만 원짜리 집도 있어

13일 0시 10분에는 범인의 요구대로 박 군 부모가 인천시 연수구 선학동 공영주차장 내 1t 트럭 적재함에 1억 3,000만 원이 든 돈가방을 놓아 뒀으나 검거를 우려한 이 씨가 나타나지 않기도 했다. 이 씨는 경찰에서 견인차량 사업 실패 등으로 진 빚 1억 3,000만 원을 갚기 위해 범행을 저질렀다고 진술했다.

경찰에 따르면 이 씨는 인천에서도 집값이 비싼 연수구 연수동에 2억 5,000만 원을 호가하는 24평짜리 아파트를 소유하고 있다.

인천 소재 2년제 대학을 중퇴한 이 씨는 최근 견인차량의 일감이 없자 유흥주점 등을 전전하며 사채로 빌린 수천만 원을 탕진해 가정불화가 심했던 것으로 알려졌다.

CCTV가 잡았다

유괴 신고를 접한 경찰은 기동대 등의 지원을 받아 1,000여 명의 경찰병력을 인천시내 공중전화 주변에 배치했다. 이 씨는 검거되기까지 찜질방에서 훔친 휴대전화로 4회, 공중전화 12회 등 16차례나 협박전화를 걸었지만 그때마다 수사망을 피해갔다.

심지어 수사본부가 설치된 연수경찰서와 연수지구대 바로 인근

의 공중전화들을 다섯 차례나 이용하기도 해 수사망이 허술했다
는 지적을 받기도 했다. 해결의 실마리는 공중전화를 비추는 인근
건물의 감시카메라에서 풀렸다. 12일 낮 두 차례 전화를 건 공중전
화 주변 건물의 CCTV 녹화내용을 분석하던 중 특정 견인차량이
자주 찍힌 점에 주목, 차량 소유주를 추적해 14일 오후 2시 30분쯤
자택 근처에서 이 씨를 붙잡았다.

– 인천=정기환 기자

개구리 소년들의 슬픈 귀가

[중앙일보] 입력 2002. 09. 26 23:41 / 수정 2002. 09. 27 10:00

"그렇게 찾았는데 이제사 나타나다니…"
실종소년 부모들 오열

실종 소년들의 부모들은 26일 경찰의 연락을 받고 곧바로 현장에 도착했으나 유골을 앞에 놓고 한동안 정신을 차리지 못한 채 반신반의하는 모습이었다.

개구리 소년 김영규(당시 11세) 군의 부모인 김현도(59). 최경희(46) 씨 부부는 "3년간 와룡산을 뒤지고 다녔는데 이제사 나타나다니…"라며 울음을 터뜨렸다. 김 씨는 "현장을 확인해 보니 아이가 입고 나갔던 트레이닝복과 신발의 색상이 아직 남아 있어 아들인 것 같다"고 말했다. 그러나 어머니 최 씨는 "우리 영규는 아닐 거예요. 지금도 영규가 돌아올 것 같아 밤마다 문을 열어 놓고 있는

| 1991년 8월 5일 인천시 부평역 앞 광장에서 열린 개구리 소년 찾기 캠페인 [중앙포토]

데…"라고 말해 주위를 안타깝게 했다.

또 다른 실종 소년 조호연(당시 12세) 군의 어머니 김순녀(46) 씨는 발견된 유골 한 구에서 호연 군이 하고 있었던 치아 보철 흔적이 발견되자 믿을 수 없다는 듯 유골로 향했던 눈길을 거두었다.

지난해 10월 아들을 찾지 못한 한을 품은 채 숨진 김종식(당시 9세) 군의 아버지 철규(당시 49세) 씨를 대신해 현장을 찾은 종식 군의 삼촌은 "우리 종식이가 아니다"라며 눈물을 애써 감춰 주위를 안타깝게 했다. 종식 군의 어머니 허 모(44) 씨는 남편과 아들을 잃어버린 슬픔에 이 날 현장에도 나타나지 못했다.

부모들은 수사 관계자들과 취재진이 현장에 계속 모여들자 "우리 아이가 아닐거야"라고 되뇌며 서로의 어깨를 감싼 채 현장을 떠났다. 생업을 포기한 채 전국 방방곡곡으로 아들을 찾아 나섰던 부모와 가족들은 이날 현재 대부분 살던 동네에서 떠난 상태다.

- 대구=정기환 기자

개구리 소년 사건은 1991년 대구 달서구에서 일어났다. 50년 만의 첫 지방선거날에 초등학생 5명이 사라진 것이다. 도룡뇽 알을 주우러 간다고 집을 나선 아이들이었다. 편의상 '개구리 소년' 사건으로 굳어졌다.

국민적 관심을 불러일으킨 사건이다. 당시 노태우 대통령도 수사를 독려했다. 그러다 11년만인 2002년에야 유골이 발견된 것이다.

2000년 초 대구취재팀으로 내려갈 때도 이 사건이 먼저 생각났다. 내가 대구에 근무하는 동안 다시 이슈가 될 것 같은 느낌이 들었다. 우연인지 숙소를 얻은 곳도 사건 발생지와 가까웠다. 대구 달서구의 와룡산 아래였다. 아침에 운동 삼아 와룡산을 올랐다가 출근하곤 했다. 산을 오를 때면 등산스틱을 들고 갔다. 주변 풀숲을 헤쳐 보고 간벌해 놓은 나뭇단도 살펴보았다. 혹시나 개구리 소년들에 대한 작은 단서라도 있을까 해서였다.

2002년 9월 경찰의 유골 발견 발표를 들으며 좀 놀랐다. 내가 오르내리던 와룡산 등산로 옆 숲에서 발견된 것이었다.

대구 기자사회에는 개구리 소년과 관련된 일화들이 많았다. 어떤 기자는 소년들이 갇혀있을 것으로 지목된 한센병 마을에 들어갔다가 봉변을 당했다. 어떤 이는 무당 말을 듣고 남의 집 부뚜막까지 파헤쳤다는 등등….

[중앙일보] 입력 2012. 08. 22 01:22 / 수정 2012. 08. 22 10:12

이번엔 '쳐서 거꾸러뜨리자'
맥아더 동상 부수려는 그들
6년 만에 인천에 다시 불쑥 나타나
주민들 "평택·강정 찍고 인천 왔나"

그들이 다시 돌아왔다. 2005년 69일간, 2006년 6일간 '맥아더 동상 철거'를 외치던 좌파 시위대가 6년 만에 다시 인천 자유공원에 나타났다. 이번엔 '철거'에서 한발 나아가 '쳐서 거꾸러뜨리자'며 '타도打倒'를 들고 나왔다.

21일 오후 인천시 중구 북성동 자유공원의 비둘기광장. 국내 최초의 근대식 공원인 이곳은 쌍안경을 든 채 인천항과 월미도를 굽어보고 있는 더글러스 맥아더 장군의 동상으로 유명하다. 이 동상

72

21일 인천시 중구 자유공원에서 해병대 인천연합회 소속 한 회원이 맥아더 장군 동상 철거를 주장하며 집회를 하고 있던 진보단체에 항의하려 하자 경찰이 제지하고 있다. [연합뉴스]

은 1957년 9월 15일 인천상륙작전 7주년을 기념해 시민들의 성금으로 세워진 인천의 명물이다.

'맥아더동상타도특위'는 이날부터 9월 8일까지 집회신고를 냈다. 집회가 예정된 오후 2시가 가까워지자 하나같이 백발이 성성한 십수 명의 타도특위 회원이 광장 입구에 나타났다. 동시에 해병대전우회와 인천상륙작전참전전우회 회원 50여 명도 진을 치면서 전운이 감돌았다.

첫 충돌은 오후 1시 45분쯤 일어났다. "좌파 몇 명이 검은 가방을 메고 동상에 올라가 스프레이를 뿌리려 한다"는 소식이 해병전우회에 알려졌다. 10여 명이 우르르 동상으로 몰려갔다. "빨갱이들 물러가라" 등등의 고성이 오가면서 삿대질, 발길질까지 오고 갔다. 경찰이 양측을 갈라놓고서야 타도특위 측의 기자회견이 시작됐다. 이들은 '정의행동에 관한 기자회견문'을 통해 "이제 민중이 정의행동으로 침략과 학살의 원흉 맥아더 동상을 타도하고 민중人民이 주인 되는 새 세상을 건설해야 한다"고 주장했다.

이들이 배포한 한 유인물은 금시초문의 일화도 담고 있었다. '1945년 9월 8일 인천으로 들어온 맥아더가 제일 먼저 한 일은 자신을 환영하러 나온 인파에 총을 쏜 것이었다'는 내용이었다. 집회 신고 마지막 날인 9월 8일에는 우호 세력들을 총동원한 대규모 집회를 계획하고 있다. 동상 철거운동의 단골 주역인 김수남 연방제통일추진회의 의장은 "현재 7~8개 단체가 타도특위에 참가하고 있다"고 밝혔다.

타도특위가 정의행동에 나서 줄 것을 요구한 '인민'들은 정작 해병전우회보다 더 심하게 그들을 몰아세웠다. 서울에서 친구들과 바람을 쐬러 왔다는 김연순(56, 여) 씨는 "애먼 동상에 대고 종주먹질을 해대니 딴 세상 사람들 같다"며 "김일성 동상이라도 세우자는 얘기냐"며 고함을 질렀다. 인근 주민 신영수(79) 씨는 "나도 열일곱에 전장에 나가 내 나라 내 고향을 지켜냈다"며 "그럴 힘 있으면 북한에 올라가 배고픈 사람들을 위해 농사나 지으라"고 소리쳤다. 박성용(47) 씨는 "한동안 잠잠하다 했더니 평택 미군기지나 제주 강정마을 시위가 끝나자 다시 인천으로 몰려온 것 같다"고 말했다.

타도특위는 미국의 한자 표기에 굳이 도깨비 미魅자를 쓰고 있

었다. 기발하다는 생각보다는 이념의 영역을 넘어 막무가내식 적
개심이라는 느낌이었다.

- 정기환 사회문화부 기자

인천 자유공원엘 오르면 인천항과 월미도가 한눈에 들어온다. 공원에서
도 가장 높은 곳에 맥아더 장군 동상이 서있다. 느닷없이 이 동상을 철거
해야 한다는 시위가 거듭됐다.

2006년이던가, 철거 시위 현장을 갔다가 좀 놀랐다. 예상과는 달리 백
발이 성성한 노인 시위대였다. 농성 천막에는 '범민족'이나 '연방제통일'
등의 구호들이 펄럭였다. 대개 팔순을 넘어 보였으며 할머니들도 더러 있
었다.

천막 한 귀퉁이에서 들어보니 팔순 노인들의 얘기가 아니었다. 대학 이
념서클을 능가하는 수준이었다. 지금도 생각나는 얘기가 있다. '노무현이
도 실망스럽다. 하지만 그래도 북한에 관한 한 가장 낫다'는 것이었다. 노
인회관에서 장기를 두거나 집에서 손주들의 재롱에 빠져있을 나이의 노인
들이 다시 보였다. '이념이란 이다지도 독한 것인가'라는 생각과 함께.

오! 인천 60년 만에 다시 본
승리의 바다

[중앙일보] 입력 2010. 09. 16 00:53 / 수정 2010. 09. 16 09:51

인천상륙작전 재연 현장

"인천상륙작전을 개시하라."

15일 오전 11시10분 인천 월미도 해안. 작전 개시 명령과 함께 백발이 성성한 한 노병이 통제단 단상에 올랐다. 60년 전 인천 앞바다의 팔미도 등대를 탈환해 상륙작전의 신호탄을 올렸던 최규봉(87) 전 KLO 부대장이다. 감개무량한 표정의 최 씨가 버튼을 누르자 하얀색의 폭죽이 10여 초간 가을 하늘을 수놓았다.

1950년 9월 15일 새벽에 펼쳐졌던 인천상륙작전이 그때 그 바다에서 대규모로 재연됐다. 한국·미국·호주 등 3개국의 해군 함정 12척과 항공기 16대가 참가한 가운데 200여 명의 한·미 해병대원들이 34척의 상륙용 주정을 타고 월미도 해안으로 돌진했다.

1950년 9월 15일 당시 미 제1해병대대의 상륙작전을 지켜보고 있는 맥아더 장군 및 미군 지휘부(위쪽 사진)와 당시를 재연한 모습(아래 사진)

상륙돌격에 앞서 해안 정찰 및 수중 장애물 제거를 위한 수색부대의 작전이 시작됐다. 헬기 2대에서 바다로 뛰어든 대원들은 고무보트를 타고 물보라를 일으키며 월미도 해안으로 접근했다. 이어 이순신함과 전남함, 호주 와라문가함에서 5초 간격으로 함포 1문당 24발씩 쏘아대자 해안 곳곳에서 10여m 높이의 물기둥이 솟았다.

이날 행사의 하이라이트인 상륙돌격이 시작됐다. 동양 최대의 강습 상륙함인 독도함, 미해군의 상륙함인 덴버함 등 9척의 함정에서 고속상륙정·상륙장갑차·상륙주정들이 쏟아져 나왔다. 독도함에서는 해병 1사단 소속 상륙장갑차 16대가, 덴버함에서는

15일 오전 인천시 월미도 앞 해상에서 인천상륙작전 60주년을 기념하는 재연 행사가 열렸다. 한·미 해병대원들이 월미도에 상륙하고 있다. [인천=연합뉴스]

일본 오키나와 주둔 미해병대 소속 상륙장갑차 8대가 빠져나와 3열 횡대를 지으며 해안으로 돌진했다. 동시에 하늘에서는 UH-60·CH-46 등의 한·미군 헬기 5대가 파상적인 공중돌격을 감행했다.

마침내 월미도 방파제 밑 해안에 도착한 한·미 해병들은 밧줄 사다리를 타고 "와" 하는 돌격 함성과 함께 육지로 올라왔다.

한·미 해병대를 대표하는 2명의 해병대원이 맥아더 장군으로 분장한 미 해병대 장병 앞에서 상륙목표 확보 신고를 했다. "목표를 성공적으로 확보하였습니다. 계속해 서울로 진격하겠습니다." 순간 비둘기 모양의 풍선 2,000개가 월미도 하늘로 날아오르고 60년 전 한국 해병대원들이 불렀던 〈나가자 해병대〉가 우렁차게 흘러나왔다.

인천상륙작전에 참전했던 강태룡(82) 씨는 "월미산 전체가 피로

물들다시피 했던 그날의 상황과 전우들이 생각난다"며 감개무량
해 했다.

　상륙작전 재연에 앞서 김태영 국방부 장관과 송영길 인천시장,
참전국 해군·해병대사령관 및 월터 샤프 한미연합사령관 등은 자
유공원의 맥아더 장군 동상과 팔미도 해상에 헌화를 했다.

　60년 전 한국전쟁의 전세를 일거에 뒤바꿔 놓은 인천상륙작전은
제2차 세계대전 중의 노르망디·북아프리카·일본 이오시마 상륙
작전과 함께 세계 전사상 4대 상륙작전으로 꼽힌다. 당시 작전에
는 8개국 261척의 함정과 7만 5,000여 명의 한·미 해병대 및 유엔
군이 참전해 북한군 1만 4,000여 명을 사살하고 7,000여 명을 생포
하는 전과를 올렸다. 국방부와 인천시는 앞으로 매년 재연 행사를
열어 프랑스의 노르망디 상륙작전 축제에 버금가는 국제 이벤트
로 육성해 나갈 계획이다.

- 인천=정기환 기자

'차 떼고 포 떼고'
제2함대 기념탑

[중앙일보] 입력 2004. 08. 04 06:35 / 수정 2004. 08. 04 07:33

'연평해전 기념탑' 건립 무산
인천 일부 시민단체 "반통일적" 저지…
"맥아더 동상도 옮겨라"

인천 월미도에 연평해전의 승전을 부각한 기념탑 등을 세우려던 해군의 계획이 일부 시민단체에 의해 "반통일적 전쟁기념물 건립"이라는 비난을 받으면서 변질됐다는 의혹을 사고 있다.

해군은 1999년 제2함대사령부가 월미도에서 평택으로 이전하면서 월미공원에 해군기념지역을 조성하는 사업을 추진했다. 2002년 해군참모총장 명의로 인천시에 보낸 공문에 첨부한 '월미공원 해군기념지역 조성계획(안)'에 따르면 당초 해군은 월미도의 옛 제2함대사령관 공관지역(1,469평)에 연평해전과 인천상륙작전의 승전을 기리는 기념탑(높이 15m)을 세우고 당시 전투장면 등을 동판이나 화강석에 새겨 넣을 예정이었다. 퇴역 함정, 항공기, 함포 등 전쟁기념물도 다수 전시할 계획이었다.

당시 해군은 "월미공원은 연평해전 승리의 주역이었던 제2함대사령부가 29년간 주둔했던 곳인 동시에 인천상륙작전 등 해군의 역사가 살아 숨 쉬는 지역"이라며 사업의 필요성을 밝혔다. 이 기념탑은 기존의 연평해전 기념탑과는 별도로 추진됐다.

이 같은 계획이 알려지자 인천지역 일부 시민단체는 "통일시대에 역행하는 사업이며, 예정지역이 문화유적지(월미행궁터)에 포함돼 있다"고 주장하며 저지 운동을 펴왔다.

이에 해군은 사업부지를 유적지에서 50m 떨어진 옛 영외자식당 터로 옮겼으며, '바다로 세계로' 탑과 행운의 수병상像, 타임캡슐 등 전승기념물 성격을 배제하는 방향으로 사업 내용을 확정해 지난해 11월 인천시에서 사업승인을 받았다. 4월 착공한 해군기념지역 조성 공사는 현재 터 닦기 공사가 마무리된 상태로 연말께 완공될 예정이다.

그러나 '평화와 참여로 가는 인천연대(이하 인천연대)' 등 인천지역 시민단체들은 2일 성명에서 "해군본부는 4월부터 인천시 중구 북성동 월미공원 내 옛 해군 제2함대사령부 자리에 서해교전 기념탑을 건립하는 공사에 들어갔다"고 주장했다. 이들은 또 "공원시설에 반통일적인 전쟁기념물 건립을 기습적으로 허가해 준 인천시

관계자들을 고발하는 한편 이를 저지하기 위해 무기한 농성에 들어갈 것"이라고 밝혔다.

이에 대해 해군 제2함대사령부 관계자는 3일 "해군은 당초 월미도에 서해교전 기념탑을 세울 계획이 없었다"며 "월미공원 해군기념지역은 전승 등 군사적 요소를 탈피해 관광객들이 친근감을 느낄 수 있도록 조성될 것"이라고 말했다.

하지만 소성호 인천연대 중·동지부 사무국장은 3일 "전승기념 내용이 배제됐다 해도 시민 휴식처에 군사기념물을 둘 수는 없다"고 주장했다.

소 사무국장은 "외국인이 많이 찾는 평화도시에 외국 군인의 동상이 서 있는 것은 문제가 많으므로 올 하반기에는 자유공원의 맥아더 동상 이전 문제도 본격 거론할 것"이라고 말했다.

연평해전은 99년 6월 우리 해군이 서해 북방한계선NLL을 침범한 북한 군함들을 제압한 해전이며, 서해교전은 2002년 6월 NLL을 침범한 북한 군함이 우리 해군의 참수리정을 기습해 해군 장병 6명이 전사한 해전으로 군과 언론은 두 사건을 구분하지만 이들 시민단체는 두 사건을 통틀어 서해교전으로 부른다.

- 인천=정기환 기자

DJ 정부에 이어 노무현 정부가 들어선 시기다. 국가관, 안보관에 대한 가치가 크게 흔들렸다. 인천에 갓 부임했을 때다. 해군은 인천 월미도에 기념탑 건립을 추진 중이었다. 월미도에서 평택으로 옮겨간 옛 제2함대 자리였다. 당연히 제2함대의 연평해전 승전도 기록될 예정이었다.

그러나 인천의 일부 사회단체들이 거세게 반대하고 나섰다. '반통일적 전쟁기념물'이라는 이유였다. 그저 2함대가 주둔했다는 사실만 남기라는 요구였다. 참으로 이상한 풍경이었다. 지역 언론도 별 관심이 없어 보였다. '이건 아니다' 싶어 해군 정훈부를 찾았다. 그러나 반응이 의외였다. 어느 쪽 눈치를 보는 건지 오히려 '쉬 쉬' 해줬으면 했다. 명확한 입장도 없었다. 군인이 아니라 정치에 주눅이 든 관료라는 느낌이었다. 결국 제2함대 기념탑은 '차 떼고 포 떼고'를 거쳐 어정쩡한 모습으로 바뀌었다. 이 기사에서 예고된 것처럼 이듬해부터 '맥아더 동상 철거' 시위도 시작됐다.

"낫 들고 계단 돌진…
영화 '친구'처럼 살벌했다"

[중앙일보] 입력 2011. 10. 26 00:45 / 수정 2011. 10. 26 06:34

인천 길병원 장례식장 조폭 난투극…
목격자가 전한 그날 밤

엘리베이터 앞에 2열로 도열한 검은 정장 차림의 젊은이들, 흉기를 들고 비상계단을 통해 쳐들어가는 깡패들…. 21일 밤 인천 길병원 장례식장 안팎에서 숨 가쁘게 벌어졌던 난투극을 목격한 주민들은 "영화 '친구'의 장면들을 연상케 했다"고 말했다.

장례식장에 납품을 하는 장 모(34, 인천시 남구 주안2동) 씨는 이날 오후 6시쯤 이곳에 도착했다. 로비에는 평소와는 달리 검은 정장 차림의 짧은 머리 젊은이들이 2열로 길게 도열해 있었다. 이들은 엘리베이터를 타고 6층의 빈소로 올라갔다. 이들이 사실상 엘리베이터를 독점하자 분위기에 압도당한 일반 조문객들은 계단을 통해 빈소로 향했다.

납품을 확인해 준 장례식장 직원이 "오늘 밤 심상치 않을 것 같으니 일손 좀 도와달라"며 장씨를 붙들었다. 장씨는 그날 일도 끝나고 호기심도 동해 남기로 했다.

밤 10시가 넘었을 무렵 장례식장 건너편 인도에서 조폭들끼리 큰소리로 다투기 시작했다. 불안감을 느낀 조문객 한 사람이 휴대전화로 112 신고를 했다. 순찰차 1대가 도착했지만 "상황이 종료됐다"며 돌아갔다.

11시 좀 넘어설 무렵, 조금 전 다투던 이들 중 2명이 낫을 든 채 비상계단을 타고 돌진하다 다른 조직원에 의해 제지당했다. 문상객들은 비명을 질렀다. 현장에는 경찰이 한 명도 없었다. 장례식장은 공포에 휩싸였다. 대부분 빈소 문을 닫고 숨을 죽였다. 장례식장 직원이 112 신고를 했다. 얼마 후 순찰차 2대가 도착했다. 한 시간여가 흐른 12시 25분쯤 형사들이 탄 '범죄수사대' 승합차도 도착했다. 형사들은 조직폭력배들에게 "조문 끝났으면 빨리 해산하라"

고 경고했다. 하지만 조폭들은 흩어지지 않았다. 그런데도 경찰은 경고방송만 할 뿐 조폭들을 진압하지 않았다.

이러는 사이 장 씨와 직원은 빈소를 일일이 찾아다니며 "출입을 자제해 주세요"라고 안내했다. 사무실에 돌아오니 형사 한 명이 "CCTV를 좀 확인하자"고 했다. 로비 쪽 영상을 복사하고 있는데 밖에서 "싸움이 벌어졌다"는 소리가 들려왔다. 밖으로 달려 나가 보니 이미 한 사람이 부상을 입고 쓰러져 있었다. 형사들은 전기충격기로 가해자를 제압한 뒤 부상자의 상처 부위를 지압하고 있었다.

장 씨는 "이때부터 크라운파와 신간석파 조직원들이 장례식장 앞에 모여들어 서로 치고받고 발길질이 난무하는 난투극이 벌어졌다"고 전했다. 친구 부친상 조문을 위해 이날 자정쯤 장례식장에 도착한 김 모(56, 부천시 상동) 씨는 승강기가 내려오지 않아 이상하게 생각했다. 한참 후에 도착한 승강기에는 검은 양복 차림의 젊은이들이 가득 타고 있었다.

김 씨가 5층의 빈소에 도착하니 상주들이 "낫을 들고 날뛰는 등 난리가 났다. 무서워서 숨도 못 쉬고 있다"고 말했다. 조문을 하는 둥 마는 둥 밖으로 나와 보니 형사들이 탄 승합차와 기동타격대 버스가 도착하고 있었다. 순찰차에서는 '해산하라'는 방송이 계속 나왔다. 김 씨는 "경찰들이 '우리가 총을 들고 있는데도 싸움을 그치지 않는다'며 어이없어 하더라"라고 말했다.

– 인천=정기환 기자

2011년 10월 21일 밤 인천 남동구 길병원 장례식장. 인천 2개 조직폭력배 130여 명이 난투극을 벌인 사건이 발생했다. 인천경찰청이 지척인 곳에서 난동이 수 시간 계속됐다. 경찰의 무기력한 대응 등 파장이 컸다.

조폭인 데다 심야에 발생한 우발적 충돌이었다. 취재에 한계가 있었다. 경찰에게 불리한 정보는 차단되는 사건이다.

사건 발생 이틀 뒤 목격자를 찾아냈다. 난투극을 처음부터 끝까지 지켜보았던 이였다. 현장을 보았다고 해도 모두 입을 다무는 사건이었다. 직장 상사까지 동원해 "염려 말라" 하자 입을 열었다.

진상은 집단 패싸움 정도가 아니었다. 조폭들이 낫을 들고 비상계단을 돌진해 가는 무법천지가 연출됐던 것이다. 인천에서 가장 큰 병원 장례식장이었다. 14곳의 빈소에는 조문객들이 가득한 시간이었다. 공포에 질려 비명을 지르며 도망갈 정도였다.

경찰이 밝힌 출동 시간도 엉터리로 밝혀졌다. 현장에는 목격자가 있게 마련이다. 그들만이 진실을 밝혀줄 수 있다.

[중앙일보] 입력 2002. 04. 19 06:13 / 수정 2002. 04. 19 06:56

원래 조종사 스톡홀름행 맡게 돼 교체
공항정보 사전교육 못 받았을 가능성

중국 여객기 추락 사고를 조사 중인 중앙사고대책본부는 18일 사고기 기장이 운항 당일 교체된 사실을 밝혀내고 경위를 조사하고 있다.

이에 따라 이번 사고는 갑작스럽게 운항을 맡게 된 우신루(吳新祿, 31) 기장이 김해공항 착륙 과정에서 공항의 지형과 기상 상황에 대처하지 못함으로써 조종 실수로 발생했을 가능성이 커지고 있다.

사고대책본부 관계자는 이날 "한·중·미 합동으로 김해공항의 운항 관련 자료를 조사한 결과 당초 운항 일정에는 우닝 기장이 사고 여객기를 조종하게 돼 있었으나 뒤늦게 우신루 기장으로 바

뀐 것으로 확인됐다"고 밝혔다.

이 관계자는 "중국 국제항공은 사고 당일인 15일 아침 기장이 교체된 승무원 출입국 신고서GD를 보내 왔다"고 말했다.

중국 측 사고조사팀은 이에 대해 "우닝 기장이 갑자기 스톡홀름행 항공편을 조종해야 할 사정이 생겨 우신루 기장으로 바꿨다"고 해명했다.

따라서 사고 직후 기장 이름이 치신셩→우닝→우신루로 바뀐 것도 중국 측이 당초 운항 스케줄상의 기장 명단을 보내왔기 때문으로 보인다. 항공사의 운항 스케줄은 통상 월 단위로 짜이며 발병 등으로 조종사를 교체해야 하는 경우에 대비, 대기 조종사 제도를 운영하고 있다.

사고대책본부는 우신루 기장이 갑자기 사고기 운항을 맡으면서 김해공항의 기상 등 정보에 대한 사전교육을 받지 않았을 가능성이 큰 것으로 보고 이른 시일 내 중국 현지에 조사관을 보내 이 부분을 집중 확인할 계획이다.

건설교통부는 18일 "수거한 블랙박스의 비행기록장치FDR 내부 일부가 부서진 것으로 확인돼 블랙박스 제작사인 얼라이드 시그널사가 있는 미국 시애틀로 보내 데이터 분석작업을 벌이기로 했다"고 밝혔다.

한편 조종실 음성녹음장치CVR 상태는 양호해 2~3일 안에 대화 내용을 재구성할 수 있을 전망이다.

– 김해=허상천·정기환·김상진 기자

대구에 있으면서 김해로 두 차례 현장지원을 나갔다. 중국민항기 추락과 노무현 대통령 동생의 부동산 투기 의혹이다. 봉하 마을 노 대통령의 생가는 그때는 흙 부뚜막의 옛 시골집 모습이었다.

2002년 4월 15일 오전 11시. 경남 김해시 신어산 자락(돗대산)에 중국 여객기가 추락했다. 승객 1백 55명(한국인 1백 36명, 외국인 19명)과 승무원 11명이 타고 있었다. 1백 18명이 숨지고 9명이 실종됐다. 39명만 구조됐다. 문중 계원 18명이 여행을 다녀오다 1명만 살아남기도 했다.

추락의 원인 규명이 취재의 초점이 됐다. 한국(관제)과 중국(조종), 미국(항공기 제작)간의 책임 소재가 민감해서다.

김해로 내려간 날 김해시청의 중앙사고대책본부를 찾았다. 본부장이 구면이었다. 10여 년 전 교통부를 출입할 당시의 항공정책과장이었다.

복도로 불러내 "한 껀 달라"고 밀어붙였다. "지금 너무 예민해서 곤란하다"며 손을 내저었다. 오후 늦게서야 전화로 '한 껀'을 전해 받았다.

마감 시간을 한 시간 남겨놓고 김해시청 옥상으로 올라갔다. 대한항공 기장인 동료기자의 동생까지 동원해 보충취재를 했다. 바람이 쌩쌩 부는 텅 빈 옥상에서 전화로 불러준 기사였다.

또 어이없는 떼죽음…
성수대교 무너져 48명 사망

[중앙일보] 입력 1994년 10월 21일

설마설마 하던 일이 기어이 터지고 말았다. 21일 서울 성수대교 상판 붕괴사고는 그동안 수없이 많은 지적을 받으면서도 미봉책으로 땜질만 해오던 우리의 건설행정이 주범이었다.

평화로운 아침 버스와 승용차를 타고 출근을 서두르던 시민들은 비명도 지를 새 없이 삽시간에 강물 아래로 곤두박질쳤다. 성수대교는 허리가 잘리듯 북단 5, 6번 교각사이의 중간상판 48m가 떨어져 나가 흉악한 몰 골이었고 강물로 떨어진 상판위에는 뒤집혀진 버스와 곤두박질한 승용차등이 어지럽게 흩어져 있었다.

사고순간

생존자 박정애(41, 여, 서울안암국교교사) 씨는 "동료교사 3명과 함께 사고지점에 이르렀을때 갑자기 다리가 아래위로 크게 흔들리며'꽝'하는 소리와 함께 상판이 강물로 떨어져 내렸다"며 "눈을 떠보니 차가 물속에 가라앉고 있어 깨진 유리창 사이로 간신히 헤엄쳐 나온 뒤 강물에 떠있던 나무조각을 잡고 구조를 요청했다”고 말했다.

다리 상판은 승객을 40명쯤 태운 16번 버스의 가운데 부분에서부터 무너져 내렸고 버스는 앞쪽이 무너지지 않은 다리에 대롱대롱 걸쳐있다 뒷부분이 떨어져 내리면서 뒤집혀 사망자가 늘었다. 버스 뒤쪽을 쫓아가던 베스타 승합차에 타고 있던 최충환(崔忠煥, 23) 의경은 “버스 가운데 부분에서 콘크리트 더미와 철근들이 마구 튀어 올랐고 곧이어 상판이 좌에서 우로 쩍 갈라지며 무너져내렸다”고 말했다.

거꾸로 떨어진 16번 버스는 완전히 휴지처럼 구겨져 있었고 주변에는 낭자한 핏자국과 함께 옷가지, 신발, 도시락 등이 여기저기 흩어져 처참한 사고 당시를 보여주고 있었다. 특히 사고가 출근 시간대에 발생해 피해가 컸다. 떨어진 상판 위에는 16번 버스와 서울경찰청 기동대소속 베스타 승합차, 서울2트2652 세피아 승용차, 서울3호9749 프라이드 승용차 등 4대가 유리창과 차체가 파손된 채 흩어져 있었다.

가족이 성수대교를 통해 출근하는 시민 1백여 명이 뒤늦게 사고 소식을 듣고 현장에 달려왔으나 사고현장이 다리 한가운데고 통제가 되는 바람에 강둑에 모여 발을 동동 굴렀다.

– 특별취재팀

禹시장은 건설 당시 담당과장
– 성수대교와 인연 깊은 우명규 시장(중앙일보 1994년 10월 26일)

위험 보고 때는 부시장 재직
86-88년엔 유지, 관리 책임 맡은 건설구장
토목 기술자로 '위험' 가장 잘 파악할 사람

성수대교 붕괴사고에 대한 검찰수사의 초점이 관리·감독 책임부분에 맞춰지면서 이원종 李元鐘 전 서울시장에 이어 우명규 禹命奎 현 시장까지 소환대상이 되어 파문이 확산되고 있다.

동부건설사업소(당시 소장 남궁악, 현 서부건설사업소장)가 서울시에 성수대교 상판 가운데 붕괴지점의 철골구조물이 이탈됐다는 결정적 보고(성수대교 손상보고)를 했으나 묵살한 것으로 드러난 당시(93년 4월 27일) 서울시 부시장이었던 禹 시장도 수사대상에 오르고 있는 것이다. 禹 시장은 당시 서면 또는 구두로라도 긴박한 보고를 받았을 가능성이 충분히 있다는 것이 검찰의 판단.

때문에 안전사고 발생위험을 알고 있으면서도 묵살했는지 여부가 관심의 초점이 되고 있다. 붕괴된 성수대교와 우명규 시장의 인연은 의외로 깊다.

우명규 시장은 76년 4월부터 도로보수과장을 지낸데 이어 78년 3월 8일부터 4월 1일까지 이 다리의 건설업무를 추진하는 도로과장을 지냈다. 86년 1월부터 88년 12월까지는 건설국장으로 유지.관리를 책임졌으며 성수대교의 안전상 위험이 드러나기 시작한 지난해에는 부시장으로서 보고체계선상의 제2인자 위치를 차지하고 있었다.

도시계획기술사. 토목시공기술사. 1급측량사등 건설관련 최고의 자격증을 가진 데다 공학박사(중앙대). 조경학석사(서울대 환경대학원) 학위를 가진 서울시 제1의 토목기술전문가인 우명규 시장이 어떤 형태로든 성수대교의 안전문제와 관련된 보고를 받았다면 보고서가 지적한 내용의 심각성을 몰랐을 리 없다는 것이 주위의 시각이다.

지난해 4월 동부건설사업소가 서울시도로국에 낸 성수대교 손상보고서는 "5번교각 부근등 두 곳의 철골구조물 이탈로 교량유지에 문제가 있어 긴급보수가 필요하다"며 근접촬영사진(9장)까지 첨부, 붕괴위험을 심각하게 지적하고 있다.

이 보고서에는 도로시설물의 유지·관리를 총괄하던 김재석(金在錫) 당시 서울시 도로시설과장이 최종 결재자로 돼 있고 그 이상 직위의 결재 사인은 없는 것으로 확인되고 있다. 그러나 서울시의 업무체계상 교량의 파손보고는 시장·부시장 선까지 보고토록 돼 있어 설사 이원종 전 시장은 보고를 받지 못했더라도 기술직 총수인 우명규 시장에게는 보고했을 가능성이 크다는 것이 일반적인 견

해다.

이와관련, 우명규 시장은 25일 오후 기자들을 만나 "언론보도를 통해 동부사업소가 보고했던 사실을 처음 알았다"고 해명하고 "결재란이 과장 전결서류였다. 나는 거짓말을 할 줄 모르는 사람"이라고 덧붙였다.

– 정기환 기자

사건사고의 계절이었다. 교통부를 출입(1992~1993년)하며 '구포역 열차 전복'과 '목포공항 아시아나 여객기 추락' '서해 위도 여객선 침몰' 사고를 치렀다. 서울시(1994~1995년)를 나가니 '성수대교' '아현동 가스폭발' '삼풍 붕괴'가 이어졌다. '지긋지긋하다'는 말이 절로 나왔다.

성수대교는 가을비가 내리던 월급날 무너졌다. 모처럼 고향친구와 점심을 먹으려다 이른 아침부터 비를 맞아야 했다.

YS 정부는 민심수습을 위해 이원종 시장을 문책 경질했다. 새로 임명한다는 것이 하필 과거 성수대교 건설 책임자였다. 당시 청와대 한 실세를 겨냥, '동아대 인사'라는 소문이 돌았다. 1주일여 만에 당시 '소통령'이라 불리던 서울시장이 또 한 번 바뀌었다(최병렬 시장).

'한강 다리 안전한가'라는 후속기획도 있었다. 토목전문가들과 근 한달 간 15개 한강다리 상하부를 샅샅이 뒤졌다.

성수대교 사고가 국민들에게 준 충격은 컸다. 멀쩡해 보이던 다리가 어느 날 와르르 무너져 내린 것이다. 집에 오니 어린 아들녀석이 블록 장난감으로 '성수대교' 놀이를 하고 있었다.

삼풍백화점 붕괴 현장 곳곳 "살려달라" 절규

[중앙일보] 입력 1995년 06월 30일

三豊백화점 붕괴-死傷者 수백 명 대참사

서울 서초구 서초4동 삼풍백화점 건물이 무너져 내려 고객과 백화점 직원 수백 명이 건물더미에 묻히는 대참사가 발생했다.

29일 오후 5시 40분쯤 에어컨이 일시에 꺼진 뒤 이 건물 4층과 5층 천장이 '쾅'하는 소리와 함께 무너져 내렸다.

사고를 목격한 인근 아람국제법률사무소에서 일하는 이영미(35)씨는 "쾅하는 소리가 나 밖을 내다보니 평소 보이지 않던 백화점 뒤쪽 삼풍아파트가 보여 대참사가 난 것을 알았다"고 말했다.

이날 사고로 백화점 건물 북측(정문왼쪽 A동) 3분의 1가량이 형체도 없이 무너져 내려 백화점 앞 8차선 도로가 건물 더미와 숨진 사람

들의 찢어진 시체 조각들로 가득 찼다.

백화점 직원들에 따르면 폭파 직전 에어컨이 갑자기 멈춘 뒤 전기가 나가고 삽시간에 지상 5층 건물 중 북측은 5층 전체가 흔적도 없이 사라졌고 이 충격으로 나머지 반쪽도 대부분 벽이 깨지고 기울어졌다.

사고 당시 백화점 안에는 고객과 직원 등 2천여 명이 있었으며 무너진 건물 쪽엔 수백여 명이 몰려있었던 것으로 추정돼 사상자가 엄청나게 많을 것으로 보인다.

- 특별취재팀

한밤 삼풍 붕괴 현장서 첫 집무

조순 민선 서울시장 취임 첫날(중앙일보 1995년 07월 02일)

조순趙淳 신임 서울시장은 1일 비가 내리는 심야의 붕괴현장에서 첫 집무를 시작했다.

새벽녘에 잠깐 귀가했다 아침 일찍부터 다시 희생자들을 찾아 종일 병원을 순시했다. 병원 순시 중 성난 유족들의 거센 항의에 시달리기도 한 하루였다.

조순 시장의 당초 일정은 국립묘지를 들러 9시에 시청에 출근, 인수인계 서류에 사인을 한 뒤 세종문화회관에서 4천여 명의 시민, 시직원이 참석한 가운데 '취임'하는 것이었다.

선거 때부터 그림자처럼 붙어 다니던 이해찬李海瓚 부시장이 "이렇게 시작하는 경우는 세계적으로도 아마 처음일 것"이라고 하자 조순 시장도 침통한 표정으로 "들어본 적이 없다"고 대꾸했다.

조순 시장은 30일 오후 11시 10분 서초동 사법연수원에서 최병렬崔秉烈 전 시장과 만나 1시간 20분간 대책협의를 겸해 서울시장직을 인계받았다.

흰모자에 구두가 흙투성이가 된 전 시장과 노란 모자에 바지를 걷어 올린 신임시장 모습이 서울시가 처한 현실과 앞날을 상징하는 듯했다. 이날 인수인계에는 민주당 권노갑權魯甲 부총재와 이종찬李鍾贊 고문 등도 참석, 수시로 질의응답이 오가는 등 국정감사장을 방불케 했다.

이어 오전 2시까지 현장을 지켜본 뒤 귀가했다 오전 8시 사고현장인근의 한 음식점에서 아침을 겸해 기자간담회를 가졌다.

"다행히 간밤에 생존자 6명을 구조해냈다"고 운을 뗀 조순 시장은 취임소감을 묻는 질문에도 "유례가 드문 참사를 당해 사고수습

외에는 생각이 없다"고 말했다.

오후 3시 40분쯤에는 현장을 찾아온 김영삼金泳三 대통령을 맞아 안내했다. 조순 시장은 이날 오후 5시가 지나서야 처음으로 서울 시청에 들어왔다. 오후 7시 방재상황실 직원들과 저녁식사를 같이 하는 것을 끝으로 '가장 길었던' 첫날의 공식일정을 마감했다.

– 정기환 기자

1995년 6월 29일은 무더웠다. 사고 시각, 무슨 일인가로 서초동 법원 근처에 있었다. 현장으로 달려갔지만 뿌연 먼지와 폐허뿐이었다. 맞은편 3층 상가건물에서 붕괴 당시의 목격담을 듣느라 바빴다.

서울시청팀은 사고의 직간접 원인을 찾아내기에 매달렸다. '삼풍—서울시 유착 어디까지' '용도변경 특혜… 주민 반발 구청이 나서서 무마' '안전 무시 설계변경 묵인' 등등.

삼풍 사고를 마지막으로 나는 일단 사회부를 떠나 경제부로 옮긴다. 시장과 기업을 취재하다 보니 별천지라는 생각이 들었다.

100

농민들이 화났다

[중앙일보] 입력 2000년 11월 22일

농민들 "농정실패 빚 늘었다" 주장
"우리에겐 공적자금 왜 없나" 농민들 동시다발 시위

21일 전국에서 동시다발적으로 벌어진 농민 총궐기대회는 근래 보기 드문 농민들의 대규모 집단행동이라는 점에서 주목되고 있다.

이날 대구대회를 준비 중이던 한 농민은 "올 들어 농가부채와 농산물 가격 폭락 등으로 비관 자살한 농민만도 7명에 이른다"며 "경제위기 극복이라는 명분 아래 언제까지 농민들만 봉이 돼야 하느냐"고 항변했다.

농민들은 수천만 원에서 수억 원씩 쏟아 부은 시설원예의 첨단 기자재들이 애물단지로 내팽개쳐지고 소, 돼지 축사들은 갈수록 텅텅 비어 가는 농촌의 현실에 대해 마침내 정부 측에 실질적인 대책을 요구하고 나선 것이다.

돈을 빌려 하우스며 축사 투자를 벌여 놓았으나 무차별한 농산물 수입으로 빚만 떠안게 됐다는 절망감이 과격시위로 표출된 셈이다.

이날 대회를 주도한 한국농업경영인연합회측은 크게 '특별법 제정에 의한 농가부채 해소' 'WTO 농산물 협상의 대책마련' 등을 요구했다.

이중 농가부채특별법, WTO 이행 특별법 시행령, 농가재해보상법 제정 등은 이번 정기국회에서 반드시 처리돼야 한다며 정부 및 정치권을 압박했다.

농업경영인경북도연합회 관계자는 "총선이 끝난 뒤 올해 실제로 농가부채 대책에 들어간 예산은 고작 5천억 원에 불과한 수준으로 정부의 농정실패로 늘어난 농가부채를 나몰라라 하고 있다"며 현 정부의 농민 푸대접을 지적했다.

– 정기환 기자

2000년 가을 농민들이 들고 일어났다. 왜 공적자금은 기업에만 지원되고 농업에는 없느냐는 것이었다. 농민들이 트랙터를 몰고 서울로 향하는 바람에 고속도로가 마비되기도 했다.

초겨울의 스산한 바람이 불던 날, 경북농민대회가 열리는 상주로 달려갔다. 상주시내 대로에서 시위가 시작됐다. 짚단에 불을 붙여 구호를 외치며 거침없이 시가를 행진해 나갔다. 조선조 때의 민란을 떠올리게 했다.

최백호의 〈낭만에 대하여〉에 나옴직한 다방에서 기사를 작성했다. 마감 후 상주시 외곽의 처갓집을 찾았다. 장인어른의 얘기는 또 달랐다. "오늘 데모하러 나간 농민들, 대구나 구미에 집 한 채씩 사 둔 이들이야"

특히 경북 지방 농민들의 시위가 더 격했다. 덕분에 한동안 나는 논두렁 밭두렁을 헤집고 다녀야 했다. 순박한 농민들이 왜 저리 화가 났는지를 알아야 했기 때문이다.

차를 몰고 가다가 들판에 사람이 보이면 다가가곤 했다. 그해 경북 칠곡군이 직접 논을 빌려 벼농사에 나섰다는 소식을 들었다. 찾아가니 한 해 벼농사를 직접 지어본 결과 영농비도 못 건졌다고 했다. 칠곡군의 영농 대차대조표까지 넣어 기사화 했다. 그러나 '글쎄' 하는 의문이 떠나지 않았다. 공무원들이 짓는 농사와 농민들이 짓는 농사가 같을 수 있을까.

취재를 마치고 나자 텅 빈 들판의 지평선 너머로 해가 지고 있었다. 그 들판의 차 안에서 기사를 마감하던 그날이 생각난다.

요즈음 농촌으로 가보면 새삼 놀란다. 어쩌면 집들을 그리 예쁘게 지어 놓고 사는지. 1990년대 말 비엔나 대학 연수 때 그들의 농촌을 보고 몹시도 부러워했다. 우리 농촌은 언제 저만큼 살 수 있을까 하고. 어느새 우리 농촌도 선진국을 따라잡은 느낌이다.

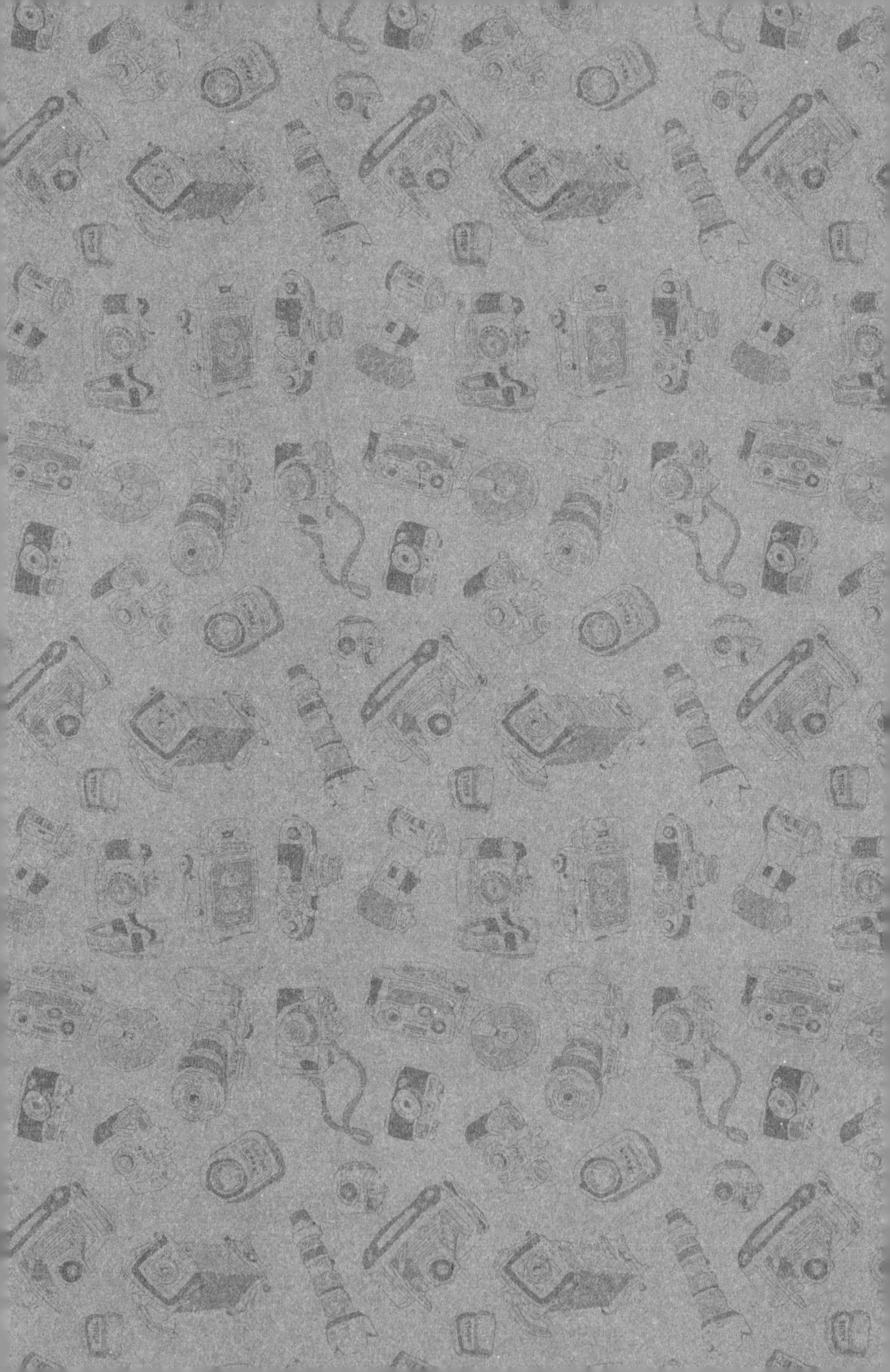

Chapter 2

노트북을 열며

Open the laptop

대한민국의 꽃다운 청춘 46명이 산화한
천안함 폭침도 불과 8개월여 전의 일이다.
이날의 치욕과 숭고한 희생을 잊지 말자고 인천 옹진군이
6개월 전 정부·국회 등에 백령도 추모공원 건립을 건의했었다.
그러나 아직 아무런 답도 듣지 못해 답답해 하고 있다.
— 「100년 전 바랴크함, 8개월 전 천안함」 중에서

연못 안에 갇힌 함대

[노트북을 열며] 연못 안에 갇힌 함대
[중앙일보] 입력 2011. 09. 08 00:18 / 수정 2011. 09. 08 00:18

1904년 러일전쟁 초기 일본 연합함대 사령관 도고 헤이하치로는 러시아 태평양 함대를 뤼순旅順항에 가둬 두는 작전을 썼다. 고물 기선들에 돌 등을 가득 채운 뒤 자폭시켜 항구 출입구를 막아 버린 것이다. 막강한 전력의 러시아 함대는 항내에 묶인 채 녹슬어 갔고 황해는 일본 해군의 안마당이 됐다.

일본 육군이 뤼순항의 포대를 점령하면서 러시아 태평양 함대는 모조리 수장됐다. 일본 해군은 그 여세를 몰아 이듬해 봄 대한해협에서 러시아 발틱함대까지 궤멸시켰다. 뤼순항 봉쇄작전은 도고의 참모인 아키야마 사네유키가 미국·스페인 전쟁 때 산티아고항 봉쇄를 관전한 후 제안했다고 한다.

인천 앞바다를 지키는 인천해역방어사령부(인방사)가 숙원사업인 기지 이전을 놓고 벙어리 냉가슴이다. 특히 제주 강정마을의 한바

러일전쟁은 제물포 해전으로 막을 열었다. 1904년 2월 9일 제물포에서 바랴크 등 러시아 전함들이 일본 군함의 공격을 받고 불길에 휩싸였다. 러시아 해군은 매년 2월 9일 인천 앞바다에서 추모식을 연다.

탕 소동을 지켜본 뒤 마음은 더욱 심란하다. 이대로 가다가는 한 세기 전의 러시아 함대처럼 인방사도 유사시에 '연못 안에 갇힌 함대'가 될까 봐서다.

해상 구간만 12.3㎞인 인천대교는 송도~영종도 간의 인천만을 가로질러 세워졌다. 인천대교가 공격을 받아 무너질 경우 인천항은 완벽하게 봉쇄된다. 폭파된 구조물들은 가라앉는다 해도 거대한 사장교의 케이블들이 얽히고설켜 뱃길을 차단하기 때문이다. 유사시에 함대가 적을 쫓아 해상 출격도 못해 보고 갇혀 버리는 불길한 시나리오다. 인방사 관계자는 "북한 해군도 이 같은 상황을 잘 알 것"이라며 "도발 억지력이 약화되는 게 더 큰 문제"라고 말했다.

인방사 이전은 인천대교 사업이 시작된 1990년대 말부터 거론됐다. 국방부는 '해상작전에 지장이 된다'며 인천대교 건설에 부정적 의견을 내놓았다. 인천대교 출자자이기도 한 인천시는 인방사를 송도 인근 외항지역으로 이전해 주기로 하고 2005년 7월 착공했다.

인천대교 개통을 3개월 앞둔 2009년 7월 인천시와 국방부는 2014년까지 인방사를 송도 LNG인수기지 끝단으로 이전한다는 내용의 양해각서를 체결했다. 인천시는 기존 부대 터를 호텔과 수산물유통센터·마리나 시설 등으로 개발한다는 계획도 발표했다. 인천시는 이들 사업의 개발이익으로 3,000억 원 안팎의 이전 비용을 충당한다는 계산이었다.

각서 체결 후 2년이 넘었지만 이런 계산은 착각이었다. 진척된 게 전혀 없다. 재정난과 부동산 경기 침체 등으로 인천시는 인방사 이전을 엄두도 못 내고 있다.

인천시 측은 "양해각서는 인정하지만 인천시민의 세금으로 부대를 옮겨 줄 수는 없지 않으냐"고 말했다. 차일피일하는 사이 주민 반대 등 갈등만 키워 놓았다. 송도 주민들은 "국제도시 인근에 군부대가 웬 말이냐"며 반대에 나서고 있다. 여기에 시민단체가 가세하고 선거와 맞물리면 영락없는 인천판 강정마을이 될 판이다.

인방사 측은 "정부가 맡든, 인천시가 맡든 더 이상 미뤄서는 안 된다"는 입장이다. 우리는 지금 국민의 안위와 국가의 안보가 걸린 문제를 서로 거추장스러워하고 떠넘기는 시대에 살고 있다.

- 정기환 경기·인천취재팀장

박정희와 사방기념공원

[노트북을 열며] 박정희와 사방기념공원
[중앙일보] 입력 2011. 06. 09 00:25 / 수정 2011. 06. 09 00:47

1975년 4월 17일 경북 영일군(현 포항시) 일대에 진눈깨비가 몰아쳤다. 연두순시 차 대구에 내려온 박정희 대통령은 굳이 영일군 흥해읍 오도마을의 사방공사 현장을 가보려 했다. 헬기가 못 뜨는 날씨인 데다 제대로 된 도로도 없는 벽지인지라 주위에서 극구 말렸으나 막무가내였다.

전용차로 포항에 도착해 포항제철(현 포스코)에서 준비한 지프로 바꿔 타고 산길을 달렸다. 현장에 도착하니 눈비와 함께 바닷바람이 매섭게 몰아쳤다. 지게와 삽·곡괭이 등으로 벌거숭이산을 울창한 숲으로 바꾸는 대역사大役事에 동참한 주민들의 손을 일일이 잡았다. 2년 뒤 오도마을 주민들은 그곳 해안에서 건져 올린 바위에 '헐벗은 산에 나무 심고 풀씨 뿌렸더니 숲은 우거져 산짐승 보금자리 치고…'라고 새긴 순시기념비를 세우게 된다.

이 비석이 주춧돌이 된 포항의 사방기념공원은 공원이라기보다 우리 현대사의 한 단면을 되살려 놓은 역사 공간이다. 19만㎡에 이르는 공원부지는 옛적 왜구가 침입하면 봉화烽火가 오르던 산이다. 국비 등 133억 원이 들어간 이 공원은 2007년 11월 문을 열었다.

바다 쪽 산비탈에 조성된 야외 전시장에는 40여 년 전 영일지구 사방사업 현장이 그대로 복원돼 있다. 지게를 지고 일하는 주민들의 모습은 물론 황소·달구지·리어카·고물 GMC 트럭까지 산기슭 곳곳을 차지하고 있다. 2층 건물의 사방역사관에는 당시 쓰던 사방 도구 등 500여 점의 유물과 영상실·사방 체험장 등이 갖춰져 있다. 동해안 절경이 이어지는 해변도로를 끼고 있어 지난해 한 해만 8만여 명이 방문했고 몽골·중국 등의 관계자 200여 명도 견학을 다녀갔다.

71년 가을 시작된 영일지구 사방사업은 당시 전국에 몰아쳤던 산림복구 운동의 한 성공사례다. 당시 우리나라 산의 태반이 나무가 없는 민둥산이었다. 특히 척박한 이암泥岩 토질의 영일만 일대 산들은 황폐한 붉은 산이 대부분이었다. 이 지역 4,500만㎡의 산지에 5년간 연 인원 360만 명이 참여해 쉬지 않고 매달려 마침내 '동해안의 기적'을 일궈냈다. 민둥산의 등고선을 따라 계단을 만들어 잔디를 입힌 뒤 싸리나무 등 씨앗을 파종하고 토질에 맞는 나무들을 심었다. 요즘처럼 중장비도 흔치 않아 석축에 쌓을 돌을 지게로 지고 가파른 산비탈을 올라야 했다.

이 시기 사방사업은 산림녹화뿐 아니라 생산적 복지로도 기능했다. 하루 일한 삯으로 받은 밀가루는 그때까지도 완전히 가시지 않았던 보릿고개를 넘길 수 있게 했다. 사방기념공원을 조성한 박승호 포항시장도 당시 중학생으로 휴일이면 사방공사에 나갔다. 그는 "당장의 끼니가 아쉽도록 궁핍했던 시기에 한마음으로 국토녹화에 나섰던 역사를 잊지 않으려 했다"고 말했다. 이제는 어딜 가나 울창해진 숲이다. 흔하다고 대수롭지 않게 여길 일이 아니다. 동해안을 따라 사방기념공원을 한번 찾아 보시라.

포항 바닷가에 오도烏島리라는 어촌 마을이 있다. 마을 앞 바다의 검은 색 바위 섬에서 유래한 지명이리라. 큰 고모님이 사는 곳이라 어릴 적 방학 때면 찾아갔다.

군 복무 중 휴가 때(1980년) 오랜만에 갔다. 마을 어귀에 바다에서 건져 올린 듯한 큰 바위가 세워져 있었다. 1975년 4월 박정희 대통령이 이 마을을 다녀갔다고 새겨져 있었다.

다시 30여 년이 흐른 후 찾아갔다. 마을 뒷산이 사방기념공원으로 변해 있었다. 민둥산을 몰아 낸 사방사업을 기리는 공원이었다.

대학졸업 이후 박정희라는 인물을 다시 보게 됐다. 공칠과삼功七過三, 마오쩌둥毛澤東에 대한 중국인들의 평가는 본받을 만하다. 우리는 무엇이든 너무 한쪽으로 치우친다는 생각이다.

그의 최후에 대해서도 거대한 서사시의 한 정점으로 생각한다. 1979년 10월 27일 아침. 박정희 대통령의 시신을 접한 JP는 이렇게 말했다고 한다. "영웅답게 돌아가셨다. 혁명가다운 최후다."

고대 로마에도, 중세 일본에도 이런 최후가 있었다. 천하포무天下布武의 기백으로 전국戰國 난세의 일본을 평정한 오다 노부나가織田信長. 전란 종식을 눈앞에 두고 부하 아케치 미스히데明智光秀의 반역을 맞는다. 광대한 로마의 강역을 개척했던 시저. 그의 최후는 알다시피 "부르투스, 너 마저"였다.

비운의 러시아 전함

[중앙일보] 입력 2009. 06. 25 17:08 / 수정 2009. 06. 25 17:13

1904년 2월 8일 인천항에는 치요다千代田호 등 8척의 일본 군함을 비롯해 각국의 군함들이 정박해 군함 전시장을 방불케 했다. 러일 간에 일촉즉발의 전운이 감돌자 일본 측은 러시아 군함들에 '9일 정오까지 인천항을 떠나지 않으면 공격하겠다'는 최후 통첩을 했다.

러시아 군함들도 물러서지 않고 9일 오전 10시 인천항 바로 바깥의 팔미도 해상에서 일본 군함들과 40여 분간 포격전을 벌였다. 그러나 중과부적이었다. 일본 군함들의 집중포화에 만신창이가 되어 소월미도로 쫓겨 올 수밖에 없었다.

러시아 함장들은 '군함기를 모욕받느니 명예로운 길을 택하겠다'며 오후 3시 30분 코리예츠호가, 5시께에는 바랴크호가 잇따라 자폭을 감행했다. 전날 인천항에 들어와 있던 숭가리호도 같은 운명의 길을 택했다. 러일전쟁의 첫 접전인 이 해전은 후일 제물포 해전으로 불리웠다.

이날 인천 앞바다에 수장된 러시아 전함 바랴크Varyag호의 유물이 105년 만에 조국으로 나들이 간다. 인천시립박물관은 러시아 국립박물관 전시센터ROSIZO와 이들 자폭 침몰 함정들의 유물을 러시아에 대여해 전시하기 위한 협정서를 체결했다고 25일 밝혔다. 대여 기간은 8개월간이며 내달 초 러시아로 운송된다.

대여 유물은 바랴크호와 코리예츠호의 군함 깃발들과 총·포탄·포탄피·사진첩 등 모두 14점이다. 이 중 러시아 측이 가장 주목하는 것은 군함 깃발이다. 바랴크함은 러시아 국민들에게 국가에 대한 헌신과 희생의 상징으로 널리 알려져 있기 때문이다.

러시아 측은 그간 수 차례 이들 유물의 대여를 타진해 왔으나 보존 상태가 좋지 않아 지금까지 미뤄져 왔다. 러시아 정부는 2004년에는 인천 연안부두에 '제물포 해전 100주년 기념비'를 건립하기도 했다.

러시아 해군의 날인 7월 26일 막을 여는 전시회의 공식 명칭도 'Varyag'다. 상트 페테스부르크의 국립 에르미타주미술관에서 시작돼 내년 2월 블라디보스톡의 태평양함대 군사박물관에서 막을 내리기까지 러시아 9개 도시를 순회하며 열린다. 무르만스크(북해함대 해군박물관), 세베로몰스크(함대박물관), 세바스토폴(흑해함대 박물관) 등 러시아의 해군 군항을 순회하는 코스다.

일본 해군은 전쟁이 끝난 뒤 해저 50m 아래 가라앉아 있던 바랴크호를 인양해 일장기를 달아 전시했다. 이번에 대여되는 유물들

| 바랴크함 깃발, 지금은 러시아에 임대돼 있다.

은 이때 건져 인천향토관에 보관해 두었던 것을 1946년 인천시립 박물관이 개관하면서 인수한 것이다.

비운의 바랴크함은 1916년께 제정 러시아가 일본으로부터 사들여 본국으로 옮겨 가던 중 스코틀랜드 앞바다에서 암초에 걸려 다시 침몰됐다. 2005년 러시아 탐사팀이 이 전함을 발견했으나 부식 상태가 심해 인양작업에 들어가지 못하고 있는 것으로 알려졌다. 러시아에서는 바랴크호를 소재로 한 영화도 제작됐다.

– 인천=정기환 기자

송영길 시장과
러시아 전함 깃발

[노트북을 열며] 송영길 시장과 러시아 전함 깃발
[중앙일보] 입력 2011. 04. 07 00:29 / 수정 2011. 04. 07 00:29

1991년 10월 모스크바의 붉은 광장. 점퍼 차림의 한 한국인 청년이 심란한 표정으로 레닌 묘 주변을 배회하고 있었다. 동구권에 이어 소비에트 러시아마저 해체돼 마르크스·레닌의 동상이 무너져 내리는 역사의 현장이었다.

송영길 인천시장의 젊은 날의 한 초상이다. 고교 때 5·18 현장을 목격하고 대학 재학 중 학생운동에 투신했다. 1985년 감옥을 나와서는 인천에서 노동운동에 뛰어들었다. 『러시아 혁명사』(김학준)나 『러시아 지성사』(이인호) 등이 시대를 풍미하고 철 지난 혁명가들이 넘쳐나던 시절이었다.

사회주의 종주국의 몰락은 청천벽력이었다. 청년 송영길은 제 눈으로 확인해야겠다며 비행기에 올랐다. 프라하·바르샤바를 거쳐 모스크바로 들어갔다. 귀로에는 레닌의 성城이라는 뜻의 레닌

2011년 3월 상트 페테르부르크 크론슈타트 해군사관학교 앞에 '인천광장'이 조성됐다. 러시아 시민들이 바랴크함 전몰장병에게 꽃을 바치고 있다.

그라드도 들렀다.

인천에 돌아와 팸플릿 형태의 여행기를 발표했다. 한때의 레닌 추종자답게 '무엇을 할 것인가'였다. '정부나 당이 시장을 대체할 수는 없다. 김일성 주석의 동상들도 어떻게 될지를 고민해야 한다'는 내용이었다. "빠지려면 혼자 빠질 것이지"라는 비판이 쏟아졌다. 인천에서 짐을 싼 송영길은 사법시험 준비에 들어간다. 한 젊은이의 인생을 바꿔놓은 러시아 기행이었다.

그런 그가 인천시장이 되어 20년 만에 다시 러시아 땅을 밟았다. 가는 곳마다 칙사 대접을 받았다. 107년 전 인천 앞바다에서 침몰한 러시아 전함의 함기艦旗인 성 안드레이기를 앞세우고 갔기 때문이다. 바랴크함은 러일전쟁 초기 일본 해군의 공격을 받은 후 항복 대신 자폭을 택했다. 이 전함과 수병들은 러시아의 영웅이 됐다.

이번 방러 때도 이 깃발은 '러시아의 영혼'으로 떠받들어졌고 어린 학생들은 눈물을 글썽이기까지 했다.

바랴크함 깃발은 2002년 인천시립박물관 지하 수장고에서 발견됐다. 러시아는 처음엔 소유권을 언급하며 반환을 원했지만 여의치 않자 장기임대를 요구해왔다. 2009년에는 9개월간 러시아 전역을 순회하는 전시회에 대여되기도 했다.

송 시장이 취임하면서 얘기는 급진전됐다. 지난해 11월 그는 서울의 러시아대사관에서 메드베데프 대통령과 만나 이 깃발을 2년간 전시 임대해 주기로 합의했다. 이어 이 깃발은 인천항에 정박 중이던 러시아 순양함 바랴크함에 실려 블라디보스토크로 향했다. 러시아 국영방송은 이를 전국에 생중계했다. 송 시장은 이번 방러 중 계약연장 등을 통해 영구임대도 가능하다는 뜻을 내비치기도 했다.

한·러 간 관계개선 등의 명분에도 불구하고 지역에서는 너무 가벼이 넘겨준 게 아니냐는 목소리도 높다. 바랴크함 깃발은 한 세기 전 열강들의 각축에 짓눌려 국가의 명운이 꺼져가던 시절의 슬픈 유산이기에 우리에게도 귀중한 문화재라는 것이다. 내년의 대통령 선거에 활용하려는 러시아 지도부의 계산과 스포트라이트를 받고 싶어 하는 송 시장의 의도가 맞아떨어졌다는 분석도 나온다. TGV를 사주고도 임대반환에 20여 년이 걸린 프랑스의 외규장각 도서와 비교하면 너무 순진한 거래가 아니냐는 지적이다.

- 정기환 경기인천취재팀장

섬마을 옹진군의 반란

[노트북을 열며] 섬마을 옹진군의 반란
[중앙일보] 입력 2011. 12. 08 00:00 / 수정 2011. 12. 08 00:07

인천 옹진군은 전남 신안군처럼 군청은 뭍에 있지만 주민은 모두 섬에 산다. 연평·백령·굴업·덕적도 등 26개 유인도와 74개 무인도다.

이런 옹진군이 최근 인천을 떠나 경기도로 적籍을 옮기겠다고 선언해 시끌시끌하다. 시민단체가 요구한 선거공약 실천을 위해 인천시가 섬 주민들의 숙원사업인 관광단지 개발을 가로막고 있다는 불만에서다. 성사 여부를 떠나 "인천시는 섬 사람들의 고단한 삶을 알기나 하는가"라는 절규가 울림을 자아냈다. 인천시의회에서는 '(옹진)군 지원 예산 삭감'이 거론되기도 했다. 8일 인천에서는 처음으로 300여 명의 섬 주민이 참가하는 가두시위가 벌어질 예정이다.

옹진군의 반란은 굴업도 개발 논란에서 비롯됐다. 인천에서 남

서쪽으로 90㎞ 떨어진 이 섬에는 1.7㎢의 면적에 16가구 27명이 살고 있다. 예전에는 땅콩 농사가 잘돼 '땅콩섬'으로도 불렸으나 지금은 어업과 염소 방목 등이 생업이다.

2007년 이 섬의 대부분을 사들인 한 대기업이 관광호텔·콘도미니엄골프장·요트장·섬 생태원 등을 갖춘 선진국형 해양리조트를 개발하겠다고 나섰다. 군과 이 일대 섬 주민들은 굴러들어온 3,500억 원대 개발 투자에 반색했다. 그러나 곧이어 시민·환경단체들의 반대 운동에도 불이 붙었다. '굴업도를 지키는 시민단체 연석회의'에는 가톨릭환경연대·우이령보존회·인천녹색연합 등 15개 단체가 참여해 있다. 이들은 굴업도에 매, 먹구렁이, 황조롱이 등 멸종위기 야생동물과 천연기념물이 서식해 생태적 가치가 풍부하다며 개발에 반대했다.

　지난해 6월 지방선거에서 인천지역 시민단체들까지 가세한 야권연대의 송영길 후보는 굴업도 개발에 반대한다는 입장을 밝혔다. 그가 당선되자 사업 시행사는 옹진군에 제출해놓았던 사업신청서를 스스로 거둬들였다. 그러자 덕적면 일대 섬 주민들이 나섰다. 인천시의회에 굴업도 개발 청원을 내고 인천시청에 몰려와 사업 추진을 촉구했다. 이들은 "무조건적 개발 저지가 환경단체에는 훈장이 될지 모르지만 주민들에게는 재앙"이라며 "도시인들의 생태관광을 위해 우리 손발을 묶느냐"고 주장했다. 갈등 조정역의 정무부시장이 굴업도를 다녀온 뒤로 옹진군의 의견이 수렴되는 듯했다. 10월 말에는 시행사가 사업신청서를 옹진군에 다시 제출하기에 이르렀다.

　그러나 한 달여 만에 상황은 급반전됐다. 지난달 28일 인천시 주무국장이 "굴업도에 골프장은 안 된다"고 선을 긋고 나왔다. 선거철이 다가오면서 야권연대의 입김이 작용했다는 분석이 나온다. 지난달 중순 송도국제병원을 반대해온 지역 시민단체들은 송 시장을 만나 "설립 추진 일정을 중단시키겠다"는 약속도 받아냈다.

　인천시가 돌아선 날 조윤길 옹진군수는 "일부 단체의 반대에 부닥쳐 섬 주민들의 생존권을 박탈하는 처사"라며 "옹진군 나머지 섬들의 장래도 암담하다"고 말했다. 길을 잃은 정치가 지방에서도 비정부기구NGO를 정치적으로 오염시키고 주민자치까지 흔들고 있다.

– 정기환 경기·인천 취재팀장

“어떻게 빈소도 안 와보나”

[중앙일보] 입력 2011.12.16 01:24 / 수정 2011.12.16 16:33

[취재일기] 한국의 차이나타운 인천 시민의 분노
“어떻게 빈소도 안 와보나” 시민들, 중국에 분노폭발

1990년 10월 50여 년 만에 인천과 중국 산둥山東반도를 잇는 여객선 항로가 개설됐다. 당시 인천에서는 “예부터 날씨 좋은 새벽녘이면 산둥반도에서 닭 우는 소리가 들려왔다고 했다”며 반겼다.

인천과 중국은 부산과 일본의 관계만큼이나 밀접하다. 칭다오青島·톈진天津 등 중국 동해안의 10개 항구와 인천을 잇는 양국의 카페리들은 지금도 서해상에서 물살을 가르고 있다. 이런 환경 때문에 인천 사람들은 인천 주변 나들이보다 중국 나들이를 더 손쉽게 여긴다. 저녁 술자리에서는 “중국 어느 도시에 영향력 있는 막역한 친구가 있다”는 자랑도 자주 들린다. 하루 700만 그릇이 팔린다

14일 오전 인천해양경찰서 전용부두에서 불법조업 중국어선 단속 중 순직한 고(故) 이청호 경사의 영결식이 엄수된 가운데 고인의 딸이 운구차에 실린 관을 향해 소리치고 있다. [김성룡 기자]

는 짜장면도 100여 년 전 인천차이나타운에서 태어났다. 이곳에서는 국내에서는 유일하게 '중국어 마을'도 운영된다.

이런 인천시민들이 단단히 화가 났다. 불법조업 중국어선을 단속하다 희생된 고 이청호(40) 경사에 대해 중국 측이 최소한의 예의도 표하지 않았다는 섭섭함에서다. 정부 차원의 사과나 재발방지 약속 등 거창한 문제가 아니다. 인천시민들의 분노는 "어떻게 빈소에 찾아와 향 하나 꽂을 줄도 모르느냐"는 것이다.

14일 연안부두의 영결식장에도 조문단을 보낸 미국과 달리 중국 측은 '나 몰라라' 했다. 영결식에 갔던 한 시민은 "마지막 가는 자리까지 외면하다니, 사자에 대한 예의도 없는 나라냐"며 분개했다. 그는 "비통해 하는 이 경사의 아내와 어린 세 자녀를 보니 중국

이 더 얄밉다는 생각이 들었다"고도 했다.

중국대사관 관계자들이 인천에 한 차례 오기는 왔다. 13일 오후 3명의 영사가 인천해경을 방문해 자국 선원들을 접견하고는 1시간여 만에 되돌아갔다. 당연히 이 경사 빈소에 들를 것으로 지레짐작한 취재진은 황급히 카메라를 챙겨 인하대병원으로 달려가기도 했다.

15일 인천에서는 '285만 인천시민 일동' 명의의 규탄 성명서가 나왔다. 각계각층이 자리를 함께하는 새마을운동 평가보고회가 중국 규탄대회로 바뀐 것이다. 이들은 다음 주 중국대사관을 항의 방문하고 이청호 경사 추모비도 건립하기로 했다. 중국 정부는 양국 간 우호가 손상되지 않기를 바라는 이들의 애절한 마음을 알고나 있는 걸까.

이명박과 송영길

[취재일기] 이명박과 송영길
[중앙일보] 입력 2012. 10. 23 00:38 / 수정 2012. 10. 23 00:38

'GCF(녹색기후기금) 송도 유치'를 전하는 22일자 조간신문들에는 유난히 시선을 끄는 사진 한 컷이 큼지막하게 실렸다. 20일 낮 송도 현장에서 유치가 성사된 직후 이명박 대통령과 송영길 인천시장이 기자회견장에서 나란히 앉아 파안대소하는 장면이었다. 적어도 이 자리에서만큼은 여도 야도, 차기 대권 구도에 따른 편가름도 없었다. 시민들과 해당 지자체, 정부, 청와대가 한마음으로 전력투구한 끝에 일궈낸 값진 성과였다.

이명박 대통령과 송영길 인천시장은 이번 GCF 도전 이전까지는 그다지 좋은 인연은 아니었다. 2010년 지방선거에서 당선된 송 시장이 취임한 지 얼마 안 돼 이 대통령이 경인아라뱃길 현장을 찾았다. 당시 송 시장 주변에서는 "대통령이 인천을 찾았는데 한 번 나가봐야 하지 않겠느냐"고 권했지만 송 시장은 나가지 않았다. "굳이 나갈 필요까지 있겠어요"라는 멘트까지 청와대에 보고됐다는 후문이 나돌았다.

서너 달 후 연평도 포격 사태가 벌어졌다. 포격 당일 송 시장은 트위터에 '우리 군이 포 사격 훈련을 하자 이에 자극 받은 북이 우리 군 포진지 등을 공격한 것으로 보여진다'고 올렸다. 청와대로서는 인천이 곱게 보일 리 없었던 언급이었다. "뒤에서 (아군에게) 총을 맞은 느낌"이란 말까지 나왔다.

인천은 인천대로 정부가 서운했다. 아시안게임 지원 문제 등을 놓고 "왜 부산(아시안게임)과 대구(세계육상경기대회)만큼 지원해 주지 않느냐"는 인천 홀대론이었다.

그랬던 정부와 인천시가 GCF 유치를 위해 한마음이 됐다. 허종식 인천시 대변인은 "청와대와 정부가 더 적극적으로 나서는 바람에 우리도 고무됐다"고 전했다. 이 대통령은 17일 이사국 대표 만찬에 나타나 '50억 달러 추가 출연, 송도~서울 간 GTX 조기 착공' 등의 선물을 내놓았다. 유치 성사 이후 인천에서는 "MB가 사업 따내는 데는 역시 선수"라는 칭송도 나돌았다. 송 시장도 "여야가 초당적 협력으로 성공한 대표적 사례"라며 "이명박 대통령의 '녹색성장'은 야당도 계승 발전시켜 나갈 과제"라고 화답했다.

어떤 이는 2006년 파주 LCD단지 준공식에서 노무현 대통령이 손학규 경기도지사에게 "그렇게 떼를 쓰시더니 이제 만족하십니까"라고 했던 장면을 떠올렸다. 서로 당적은 달랐지만 국익과 지역발전을 위해 정파의 손익계산을 뛰어넘어 파주에 디스플레이 클러스터를 유치하기 위해 손을 맞잡았던 것이다. 노무현 대통령과 손학규 지사의 맞잡은 손, 이명박 대통령과 송영길 시장의 파안대소, 그런 사진이 자주 신문에 실렸으면 좋겠다.

– 정기환 경인총국장

100년 전 바랴크함, 8개월 전 천안함

[노트북을 열며] 100년 전 바랴크함, 8개월 전 천안함
[중앙일보] 입력 2010. 11. 11 00:03 / 수정 2010. 11. 11 00:03

1904년 2월 9일 인천 팔미도 앞바다. 아사마함(9750t) 등 5척의 군함으로 편제된 일본 해군 우류 전투대가 러시아 순양함 바랴크함(6500t)과 포함 코레츠함(1200t)을 급습했다. 러일전쟁 개전과 함께 러시아 뤼순함대를 치러 북상하던 일본 연합함대가 인천항으로 별동대를 보낸 것이다.

이날 오전 10시부터 인천 앞바다에서는 치열한 포격전이 벌어졌다. 러시아 군함들은 1시간여 만에 만신창이가 된 채 소월미도로 쫓겨 갔다. 초라했다. 그러나 바랴크함의 함장 류드네프 대령에게 항복이란 치욕은 받아들일 수 없었다. 이날 오후 인천 앞바다에서는 바랴크함과 코레츠함이 차례로 자폭했다. 훗날 일본 작가 시바 료타로는 '당시 바랴크함은 530발의 포탄을 쏴 댔지만 한 발도 명중시키지 못했다'며 '유럽인들과의 첫 해전에서 승리하면서 일본 해군의 사기는 하늘을 찔렀다'며 기고만장했다(소설 『언덕 위의 구름』).

　그로부터 100년 후인 2004년 2월 인천 연안부두. 팔미도가 한눈에 들어오는 해안에 러시아 정부가 '바랴크함 추모비'를 세웠다. 러시아에서 실려 온 커다란 검은 돌에는 '바랴크함과 코레츠함 수병들의 희생을 기념하며… 러시아 국민들로부터'라는 문구가 새겨지고 주위에는 자작나무가 심어졌다.

　1997년 2월에는 '바랴크'로 명명된 최신형 순양함이 인천 앞바다를 찾아 해상헌화를 하며 현지 추모행사를 가졌다. 이후 매년 2월 인천 앞바다에서는 바랴크함을 추모하는 행사가 이어지고 있다.

　지난 9월 인천시 사절단은 발트해 연안의 러시아 군항도시 크론시타트를 찾았다. 상트페테르부르크에 속한 이 도시가 인천시에 우호도시 결연을 요청했기 때문이다. 크론시타트는 바랴크함이 인천 앞바다에서 자폭하기 1년여 전에 마지막으로 출항한 모항이다. 사절단에 참가했던 인천시 관계자는 "바랴크함은 그곳 교과서에도, 즐겨 부르는 노래 속에도 살아 있었다"고 전했다.

　지난달 러시아는 인천시에 바랴크함 함기艦旗의 장기 임대를 요청해 왔다. 러시아 중앙해군박물관이 조국에 대한 헌신과 희생의 상징으로 바랴크호의 깃발을 전시하고 싶다는 뜻을 표해온 것인데 인천시는 이를 받아들였다. 인천시립박물관은 바랴크·코레츠함의 함기와 제정 러시아의 국기, 바랴크함의 포탄·닻 등 모두 15점의 유물을 소장하고 있다. 이미 러시아는 지난해 7월에도 이 유물들을 임대해 올해 3월까지 상트페테르부르크 등 9개 도시에서 순회 전시회를 열었었다.

　인천 앞바다는 뱃고동의 낭만만 있는 게 아니다. 청일전쟁 이래 숱하게 많은 해전이 있었고 그때마다 하얀 제복의 수병들이 자신들의 조국을 부르짖으며 스러져간 절규의 현장이기도 하다.
　대한민국의 꽃다운 청춘 46명이 산화한 천안함 폭침도 불과 8개월여 전의 일이다. 이날의 치욕과 숭고한 희생을 잊지 말자고 인천 옹진군이 6개월 전 정부·국회 등에 백령도 추모공원 건립을 건의했었다. 그러나 옹진군 당국은 아직 아무런 답도 듣지 못해 답답해하고 있다. 하나 더, 인천시도 기념관이든 공원이든 천안함 장병들을 영원히 기억하려는 일에는 손을 놓고 있다. 100년 전 바랴크함이 새삼 떠오르는 이유다.

- 정기환 경기·인천취재팀장

'닥치고 공약'의 후유증

[중앙일보] 입력 2012. 11. 15 00:52 / 수정 2012. 11. 15 00:52

[취재일기] '닥치고 공약'의 후유증, 인천시뿐일까

3년 전 이맘때쯤 인천에서는 "대구는 물론이고 이제 부산까지 제쳤다"는 환호가 터져 나왔다. 2010년도 인천시 예산이 사상 처음으로 7조 원대를 넘어서면서 재정규모만을 놓고 보면 서울시 다음의 도시로 부상했다는 성취감(?)의 표현이었다.

그런 인천시가 내년도 예산을 올해보다 7.5%(5,446억 원)나 확 줄인 긴축예산을 편성했다. '재정건전성 회복'을 내세웠지만 지자체 살림살이도 본격 다운사이징의 시대로 넘어가는 것 아니냐는 전망이 뒤따랐다. 지자체 예산은 경제개발이 시작된 이래 수십 년간 해마다 큰 폭의 팽창을 거듭해 왔고 당연한 것으로 받아들여져 왔다. 이맘때쯤 예산의 계절이 돌아오면 사업부서 공무원들은 '닥치고 증액' 식의 예산투쟁에 들어가고 예산 편성 담당자들도 '얼굴

좀 보자'는 성화에 시달렸다.

그러나 요즘 인천시 예산 담당자들은 "밤샘작업은 마찬가지지만 일하는 재미가 없다"고들 한다. 동료 공무원들뿐 아니라 지역사회 곳곳에서 "예산 좀 달라"고 하지만 있는 예산 칼질하기에도 급급하다. 내년도 인천시 예산을 보면 우선 취득세 등 지방세 수입이 18%(4,771억 원)나 줄었다. 예산부서 관계자는 "실제 지방세 수입이 예산 편성 때의 추계액을 한참 밑도는 현상이 최근 3~4년째 계속돼 과감하게 현실화했다"고 밝혔다.

인천시의 재정난은 지난 봄 한때 직원들 수당을 체불하는 지경에까지 쫓겼다. 전 직원이 조를 짜 체납 자동차의 번호판을 떼러 거리로 나서야 했다. 시간외수당이나 연가보상비도 예전만큼 못 받는다. 민선 이후 해마다 한두 개씩 늘어났던 축제·행사들도 다 운사이징의 대상이다. 신규 사업은 꿈도 못 꾼다. 지역 건설업계에서는 "축소예산이 더 추위를 타게 한다"는 소리가 나오고 있다.

2010년 지방선거를 달궜던 보편적 복지도 재정난은 어쩌지 못한다. 당초 인천시는 내년부터 중학교에도 무상급식을 할 계획이었지만 기약 없이 보류됐다. 보편적 복지로 선거를 이긴 단체장들도 정부의 무상보육에는 원망이 크다. 돈 때문이다.

인천시의 재정난은 과다한 개발사업과 방만한 재정 운용이 누적되면서 빚은 결과다. 나라 살림이라고 이렇게 되지 말란 법이 없다. 요즘 큰 선거에 나선 후보들은 자고 나면 하나씩 대형 공약을 터뜨린다. ‘돈 걱정’에 관해서는 일언반구도 없이 산에 가서는 ‘산촌수당’을, 바닷가로 가서는 ‘어촌수당’을 약속하는 모양새다. “이전에는 세금이나 예산은 필요한 만큼 얼마든지 쏟아져 나오는 줄만 알았는데 거품이었습니다.” 대선 주자들이 귀 기울여야 할 인천시 간부의 독백이다.

– 정기환 사회부문 기자

Chapter 3

사람, 사람들

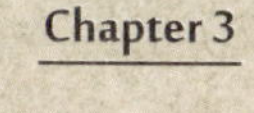

PERSON, PEOPLE

이경종, 이규원 두 부자가 10년 넘게
사재를 털어 기념관을 열고 참전사를 발간하고 있다.
참전사는 10권까지 발간할 계획으로 현재 4권까지 발간됐다.
그는 "과거를 잊으면 내일도 없다"고 주장한다.
아직은 국가나 인천시의 관심이 너무 부족하다.
그러나 국난을 잊은 후세들에게는 귀한 유산이 될 것이다.
— 「이경종, 규원 부자의 '인천학생 6·25 참전사'」 중에서

김 대표의 어릴 적 꿈은 고향 섬에 뭍으로 나가는 큰 다리를 놓는 것이었다. 그는 250여 년 전에 조상들이 삶의 터전을 영종도로 옮긴 집안의 '섬개구리' 출신이다.

김수홍 ㈜인천대교 대표가 마무리 공사가 한창인 인천대교 앞에 서 있다. 국내에서 가장 긴 해상 교량인 인천대교는 10월 23일 개통한다. [㈜인천대교 제공]

'큰 다리 건설'의 꿈은 부친의 영향도 컸다. 부친 김종식(91) 씨는 일본 와세다대를 나와 판문점 '자유의 집'과 국내 최초의 마포아파트를 설계한 건축가다.

그 꿈은 그러나 이후 40여 년간은 잊혀져 있었다. 부친의 사업 실패로 집안이 어려워지면서 19세 때부터 줄곧 사업에 매달려 왔기 때문이다. 1980년 가족이 미국으로 이민해 고학으로 캘리포니아주립대에서 미술을 공부했으나 끝마치지는 못했다.

80년대 후반 귀국한 뒤 캐나다산 사무용 가구 수입 사업을 벌여 큰돈을 벌기도 했다. 그러나 90년대 말 외환위기로 달러 환율이 1,900원대로 치솟으면서 하루아침에 벼랑 끝에 몰렸다. 수입대금을 믹지 않으련 부도로 내몰리게 됐던 98년 1월의 어느 날, 거짓말처럼 그날만 환율이 1,400원대로 떨어져 위기를 모면했다.

구사일생한 그는 곧바로 사업을 정리하고 캐나다로 날아갔다. "개인적인 돈벌이에만 매달릴 때가 아니라는 막연한 생각에서였다"고 한다. 캐나다의 사업 파트너를 찾아 무턱대고 "한국에 외자

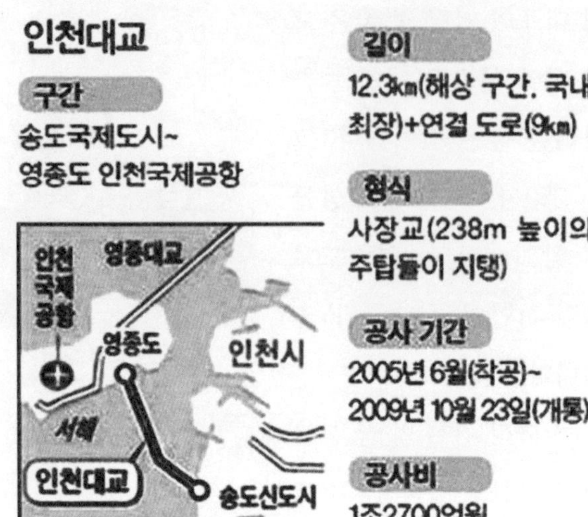

유치를 할 수 있게 도와 달라”고 했다. 파트너는 “도대체 어떤 사업이냐”고 되물어 왔다.

영국기업 설득… 은행 투자도 유치

영종도 국제공항 공사가 한창이던 시절이라 순간 어릴 적 꿈이 떠올랐다. “해상 교량을 건설하려 한다”고 말했다. 마침 한·캐나다 양국 간에는 한국의 외환위기를 해소하기 위한 협력이 현안이 돼 있었다. 99년 김대중 당시 대통령이 캐나다를 방문하면서 인천대교는 구상 단계에서 구체적 투자 아이템으로 격상됐다.

인천대교 투자는 캐나다 엔지니어링업체인 아그라에서 검토가 시작돼 이 회사를 합병한 영국 에이멕에서 최종 결정됐다. 시공과

138

시행을 완전히 분리하고 은행의 대출이 아닌 투자를 밑천으로 추진한다는 그의 사업 계획이 까다로운 영국 기업을 설득해 냈다.

그는 "인천대교를 단순히 토목 공사가 아닌 국제금융 투자사업으로 접근한 것이 평가받았다"고 말했다.

인천대교는 사회간접자본soc의 민간투자에 투명성을 접목시켰다. 교통 수요 예측을 부풀려 사업을 시작하고 운영은 재정 지원에 의존하는 기존의 민자사업 틀에서 벗어났다. 대형 건설사가 시행자인 동시에 공사까지 도맡는 구도를 버리고 공사를 국제 입찰에 부쳤다. 시공은 삼성건설 컨소시엄이 맡게 됐다. 민자사업으로는 처음으로 은행이 대출이 아닌 투자자로 참여했다. 이 같은 성과를 바탕으로 그는 '최고 프로젝트 파이낸싱(유로머니)' 등에 선정됐으며, 인천대교는 '경이로운 세계 10대 프로젝트(컨스트럭션 뉴스)'로 뽑혔다.

"고향을 국제도시로" 무료 통행 추진

인천대교는 민자사업이면서도 통행료를 안 받는 새로운 도전에 나서고 있다. 영종도 미개발지에 도시 브랜드만으로도 몇 배의 부가가치를 창출하는 신개념의 국제도시를 개발해 그 이익으로 통행료를 없애겠다는 것이다. 개발권과 통행료 무료를 맞바꾸는 방식이 아니다. 독립된 자산관리 회사를 두고 개발 이익과 통행료 인하를 연계시키는 프로그램을 도입할 계획이다. 김 대표는 "통행료를 안 받으면 사람과 차량의 내왕이 늘어나 영종도와 송도의 자산

가치가 그만큼 올라가기 때문에 충분히 가능하다"고 말했다.

- 인천=정기환 기자

김수홍의 문제해결 접근법은 현대철학의 구조주의를 떠올리게 한다. 하나의 프로젝트가 설정되면 먼저 높은 곳에서 내려다보는 시각을 유지한다.

인천대교 건설도, 통행료 무료화도 그런 시각에서 출발했다. 관료나 정치가, 학자들은 쉽게 납득하지 못한다.

그는 어느새 북한문제 전문가(경남대 한반도프로젝트개발연구소장) 반열에 들어 있다. 이전과는 접근 방식이 다른 민족문제 솔류션을 모색하고 있다. 어느 날인가는 발상의 출발부터가 다른 남북관련 프로젝트를 내놓지 않을까 하는 기대다.

기술 명장이
동부민요 명창도(박수관)

[또 다른 나] 갑우정밀 사장 명창 박수관
[중앙일보] 입력 2002. 05. 26 16:24 / 수정 2006. 01. 11 00:33

"먹고살 만하니 소리 한다 구? 기계 파는 것보다 우리 소리에 혼을 싣는 게 더 중요 해. 36년 전에 만난 떠돌이 스 승에게 3년간 사사하고 그 후 로 30년 가까이 기계소리와 불협화음으로 소리를 연마했어. 몇 년 전 러시아 사람들이 내 소리를 듣고 전율하더군. 세상에서 가장 슬 픈 소리라고."

다음달 11일 미국 워싱턴의 케네디센터 콘서트홀 무대에서는 상 여소리를 비롯한 한국 동부민요 열두 곡이 2시간 30여분 동안 울 려 퍼진다. 1990년대 후반 우리 국악계에 혜성처럼 나타나 공연무 대마다 4천~5천 명씩의 청중을 끌어들였던 명창 박수관(朴水觀, 48)

씨가 단독 공연한다.

"한국음악이라면 판소리만 있는 줄 알았던 서양 음악계에도 메나리조 소리가 크게 들리기 시작했기 때문입니다."

'동부민요 신드롬'을 불러일으킨 그는 '명장名匠. 명창名唱 박수관'으로 통한다. 그는 갑우정밀의 최고경영자CEO이기도 하다. 좀체 어우러질 것 같지 않은 두 가지 일에서 일가를 이룬 셈이다.

그러나 그가 소리하는 것을 살 만해진 사람의 취미쯤으로 여겼다가는 면박을 받는다.

"수십억 원어치의 정밀기계를 수출하는 일보다 우리의 혼이 실린 소리를 되살리는 작업이 내겐 더 절박합니다."

동부민요가 전공이고 기계공학은 부전공이라는 얘기다.

동부민요는 경기, 서도, 남도소리에 맞서는 경상. 강원. 함경도 지방의 민요지만 근 한 세기 동안 맥이 끊기다시피 했다. 상여소리, 정선아라리처럼 폐부 깊숙한 곳에서 끌어올려 일시에 터뜨리는 듯한 메나리조 창법은 듣는 이들을 울리는 소리다.

경남 김해 태생의 박 명창은 일곱 살 무렵부터 각설이 타령, 상여소리 등으로 곧잘 동네사람들을 웃기고 울렸다. 만석꾼 소리를 듣던 가세가 일시에 기울어 부산으로 솔가했던 열두어 살 무렵, 부산진역 앞에서 떠돌이 행색의 소리 스승을 만났다.

김로인金路人이라고 하는 동부소리의 달인이었다. 그는 끼가 엿보이는 소년 제자에게 3년여 동안 가슴에만 담아 두었던 메나리조 소리의 모든 것을 전수하고 홀연히 사라졌다.

대학 진학은 꿈도 꾸지 못했던 가정 형편이 소리공부에는 오히려 득이 됐다. 최고의 기술자가 되어 집안을 일으키겠다며 부산기계공고에 들어간 박 명창은 "실습실에서 밤새도록 쇠를 깎으면서도 쉬지 않고 소리를 했다"고 회고했다.

각고의 노력 끝에 그는 30대 초반에 정밀기계업체인 갑우정밀을 일으켰다. 40대 초반에는 공학박사와 금형제작기술 부문의 명장이 됐다.

정밀기계 가공과 소리를 함께 연마해 온 그는 96년에야 러시아 이르쿠츠크에서 열린 국제민요 학술대회에 논문 '한국 부전不傳 민요 연구'를 발표하면서 자신의 소리무대를 해외에서부터 열기 시작했다.

러시아 음악가들이 "전율을 느낀다. 세상에서 가장 슬픈 소리"라고 극찬한 그의 메나리조 소리는 엄청난 반향을 일으켰다. 러시아 3대 음악대 가운데 하나인 글링카음악원은 그에게 명예 음악박사를 수여하고 메나리조 소리 교육원을 열어주기도 했다.

국내에서도 99년 한 해에 전국민요경창, 전통공연예술경연, 남도민요경창 등 3대 대회를 석권하며 단번에 메나리조 소리를 복권시켰다.

이후 그는 초청을 받아 뉴욕 카네기메인홀에서 독창했고, 하이델베르크 국제음악제에서 공연했다. 또 뉴욕 링컨센터 9·11 추모

음악회에 주연으로 출연했고, 미국 아시안의 달에 백악관에서 공연했다. 지금까지 1백 30여 회에 걸쳐 국내외 무대에서 동부민요를 선보였다.

2000년 6월 로마 공연 때는 파바로티의 스승인 이탈리아 성악가 주제페 타페이에게서 "난생 처음 듣는, 가장 훌륭한 성악"이라는 극찬을 들었다.

지난해 11월의 국립국악원 예악당 공연, 이달 초 부산 KBS홀 공연 때를 비롯한 국내 무대에서도 그는 화제를 몰고 다녔다.

국악계에서는 "국악 공연장에도 이토록 많은 청중이 몰릴 수가 있는가"라며 놀라워했다. 갈수록 불어나는 메나리조 매니아들은 공연 후에도 그의 곁을 떠나려 하지 않았다.

박 명창은 지난해부터 경주 황룡산에 토막土幕을 짓고 동부민요를 이어갈 제자들을 가르치며 자신의 소리 수업을 계속하고 있다.

소리 인생을 '수도승의 고행'에 비유하는 그는 "공연 전에 화를 내기만 해도 벌써 소리가 죽어 나온다"고 했다.

"메나리조 소리가 듣는 이의 심금을 울리는 것은 기교를 부리지 않는 참 소리이기 때문"이라는 박 명창의 애창 레퍼토리는 '영남 들노래'와 '상여 소리' '치이야 칭칭나네'다.

특히 '영남 들노래' 중의 '말은 가자고 굽이를 치고 님은 잡고서 낙루를 하네…'라는 대목에 이르면 그의 시선은 먼 산에 머무른다.

– 글=정기환 기자 · 사진=조문규 기자

동부민요 박수관 명창은 비범하다. 그의 창唱은 물론 살아온 이력도 그렇다.

40여 년 전, 박정희 대통령은 시, 도마다 국비 지원의 공업고등학교를 세웠다. 학비는 물론 기숙사비까지 지원됐다. 기계와 중화학공업에서 일본을 따라잡기 위해서였다.

대학은커녕 고등학교 학비 대기도 어려웠던 시절이었다. 가난한 집안의 머리 좋은 학생들이 몰렸다. 박 명창이 들어간 부산기계공고도 그런 학교였다. 구미금오공고, 포항제철공고, 인천기계공고처럼.

박수관은 공부로는 공학박사까지 땄다. 사업으로는 일본과 겨루는 정밀기계업체를 일으켰다. 그런 후 어려서의 꿈 동부민요 소리에 매진했다.

동부민요는 함경, 강원, 경상도 등 동해안 지방 소리다. 서편제 등의 호남 소리에 밀려 한동안 존재도 지워졌던 음악이다.

그는 거의 독학으로 동부민요를 다시 이 세상으로 끌어낸다. 지금 우리가 듣는 정선 아리랑은 본래의 정선 아라리가 아니다. 퓨전판이랄까. 원판인 동부민요 메나리조로 들으면 그 휘감기는 한限의 음률에 소름이 끼친다. 그의 소리 무대는 이제 러시아, 미국, 유럽, 아프리카 등지로까지 퍼져 나가고 있다.

어느 해 초겨울인가, 해질 무렵 들은 그의 소리가 다시 들려온다. 경북 경산에 있는 구윤국 교수(경북대. 대금)의 초옥草屋에서다. 대구의 국악인들과 막걸리를 마시던 자리였던가. 그의 창을 듣던 중 눈시울이 붉어져 창호문 밖을 내다보았다. 멀리 산마루에 붉은 해가 지고 있었다. '말은 가자고 굽이를 치고 님은 잡고서 낙루를 하네…'

[중앙일보] 입력 2009. 02. 11 02:24 / 수정 2009. 02. 11 02:48

25일 고려대서 최고령 졸업장 송공석씨
젊은이들과 호흡한 4년…회사경영도 업그레이드

"4년간 젊은 학우들과 호흡하며 회사 경영도 한 단계 업그레이드시켰습니다."

정규학교는 초등학교를 다닌 것이 전부인 50대 후반의 중소기업 사장이 고려대 경영학과 과정을 마치고 학사모를 쓰게 됐다. 인천시 서구 당하동에서 절수기기 제조업체인 와토스코리아를 경영하는 송공석(57) 사장은 "4년 동안 결석 한 번 없이 132학점(졸업이수 130학점)을 따 25일 학부 최고령으로 졸업장을 받게 됐다"며 기뻐했다.

그는 2005년 입학 때도 화제가 됐다. 당시 한 명이 모집 정원인 경영학과 수시 특기자 전형에서 92 대 1의 경쟁률을 뚫고 합격했

다. 면접시험에서 '왜 뒤늦게 대학에 입학하려느냐'는 질문에 그는 "회사는 성장하는데 경영자의 능력이 따르지 못해 회사가 어려워지면 큰일이라고 생각했기 때문"이라고 답변했다.

1966년 전남 보성에서 초등학교를 졸업한 그는 16세 때 맨손으로 서울로 올라왔다. 공원, 배달원, 고물장사, 식당 접시 닦기 등 온갖 궂은 일을 전전하며 돈을 모아 73년 인천에서 남영공업사를 세웠다.

97년 외환위기 직전 등을 비롯해 세 차례나 회사가 쓰러질 뻔한 위기를 겪었다. 그때마다 밑바닥에서부터 다져 온 끈기로 다시 일어나곤 했다. 양변기 부품 중 절수제품을 잇따라 개발해 '절수박사'라는 별명도 얻었다.

회사가 자리를 잡자 공부에 매달려 2003~2004년 고입과 대입 검정고시를 통과했다. 회사 경영과 대학 공부, 어느 것도 소홀히 할 수 없어 수업을 하루 6~7시간씩 매주 2, 3일에 몰아 강행군을 했다.

첫 학기 경영수학에서 F학점을 받아 계절학기 수업을 받아야 할 때는 "중간에 그만두고 싶은 충동을 받은 적도 많았다"고 했다. 원어 수업을 듣기 위해 가정교사를 초빙해 영어 공부에 매달리기도 했다.

자녀들 또래의 학우들과 교수들 사이에서 '사장님'으로 불려 결석을 하기도 어려웠다. 빈자리가 금방 눈에 띄기 때문이었다. '사장님'답게 어려운 학우를 위해서는 장학금을 내놓고 학과 모임 등에서는 흔쾌히 지갑을 열었다.

젊은이들과 호흡하며 알게 된 새로운 트렌드를 제품 개발에 응용하기도 했다. 덕분에 2004년 152억 원이던 매출이 지난해는 186억 원으로 늘었다. 순이익도 30억 원에서 50억 원이 됐다.

자수성가의 삶을 일궈 온 그는 봉사와 나눔에도 늘 관심을 기울여 왔다. 99년부터는 1만 원짜리 부속품 하나를 팔 때마다 50원씩 적립하고 회사 이익금의 1%를 떼 사회복지시설에 내놓고 있다. 2000년부터 6명의 심장병 수술비를 지원했으며 불우이웃 돕기 성금도 매년 수천만 원씩 기탁하고 있다.

송 사장은 "입학 당시의 초심을 잃지 않은 것은 학교와 학우들 덕분"이라며 "회사를 훌륭한 기업으로 키워 사회에 보답하겠다"고 말했다.

– 정기환 기자

스페인 국민훈장 받은 '참치잡이 왕' (권영호)

[중앙일보] 입력 2003. 04. 29 17:43 / 수정 2003. 04. 30 08:58

[사람 사람] 30년간 현지 경제발전 기여 권영호 씨

"스페인과 한국을 위해 더 많은 일을 하라는 뜻으로 큰 상을 준 것 같습니다."

스페인에서 '참치잡이 왕'으로 통하는 동포 사업가가 스페인 국민훈장을 수상했다. 권영호(權榮浩. 62) 인터불고그룹 회장은 29일 주한 스페인대사관에서 엔리케 파네스 대사로부터 스페인 국왕이 수여하는 '메리토 시빌'을 받았다. 권 회장이 받은 훈장은 의례적인 훈장이 아닌, 국가적 공훈이 뚜렷한 사람에게만 주어지는 것이다.

권 회장은 지난 30여 년간 마드리드, 비고 등에서 사업을 하면서 현지인들을 많이 고용하고 스페인 경제발전에 기여한 공로를 인정받았다. 그는 또 대구에 국내 첫 스페인문화원을 설립했으며 중국의 지린吉林대에 서반아어과 개설을 지원하는 등 스페인 문화를 전파하는 데도 앞장섰다.

경북 울진의 가난한 어촌에서 자란 권 회장은 가난에서 벗어나기 위해 26세 때인 1972년 원양어업회사의 직원으로 스페인에 발을 디뎠다.

그는 80년 샐러리맨 생활을 청산하고 현지에서 폐선 직전의 고철선을 사들여 수리한 뒤 원양어업을 시작했다. 아프리카의 앙골라 연안에 기지를 두고 민어, 문어, 참치 잡이에 나선 그는 20여년 만에 연 매출 1억 달러를 넘어서는 성공을 거두었다.

사업의 기틀이 잡히면서 권 회장은 기업 이윤의 사회 환원에도 관심을 기울여 중국동포들을 고용하고 중국에 비영리 병원과 대학 건물을 지어 기증하기도 했다.

86년부터는 고향 울진에 동영장학재단을 설립, 해마다 5백여 명에게 5억 5천여만 원의 장학금을 지급하고 있다. 92년 바르셀로나 올림픽 때는 한국 선수단을 지원했고, 애국가를 작곡한 안익태 선생의 집(스페인 마요르카 소재)을 구입, 우리 정부에 기증해 안익태기념관을 열기도 했다.

권 회장은 현재 스페인에서 테네리페 조선소, 지중해 참치 정치망 사업, 비고 골프장 등을 운영하고 있는 인터불고그룹을 이끌고 있다.

이 밖에도 대구 인터불고호텔 등 국내에서도 8개 사업을 벌이고 있으며 앙골라(참치 원양어업), 네덜란드, 중국 등지에서는 냉동, 조선, 무역, 호텔업 등을 하고 있다.

– 대구=정기환 기자

이경종, 규원 부자의 '인천학생 6·25 참전사'

이경종·규원 부자 『인천학생 6·25 참전사』 펴내
[중앙일보] 입력 2010. 06. 24 00:08 / 수정 2010. 06. 24 00:11

"기록 남겨 3,000여 인천 학도병 기립니다"

'1951년 5월 17일, 우리 5사단은 소양강 전선에서 중공군의 춘기 대공세를 맞았다. 쏘아도 쏘아도 역부족이었다. 마침내 산 능선까지 쳐 올라 온 중공군이 사격을 지휘하고 있는 중대장 최 대위와 맞섰다. 서로 총을 쏘아댔다. 중대장도 쓰러지고 중공군도 쓰러졌다. 겁에 질린 나는 대대본부를 향해 뛰기 시작했다.…'

— 『인천학생 6·25 참전사』 제3권 257쪽 인천공업중학교 김용옥 학생 참전기

60년 전 16세의 나이로 전쟁터에 나섰던 노老 학도병과 그의 아들이 사재를 털어 10권짜리 참전사 발간에 나섰다. 인천상업중학교 3학년 때 참전했던 이경종(77, 인천 중구 신포동) 씨와 그의 아들인 치과의사 규원(48) 씨 부자는 최근 『인천학생 6·25 참전사』 제3권

최근 '인천학생 6·25참전사' 제3권을 펴낸 이경종(왼쪽)·규원 부자
(父子)가 인천학생참전관을 둘러보고 있다. 이들은 참전사를 10권까
지 완간할 계획이다. [정기환 기자]

을 펴냈다. 2007년 제1권, 2008년 제2권에 이은 결실이다. 이 부자
는 참전 노병들이 다 사라지기 전에 서둘러 제10권까지 완간할 계
획이다.

국가나 군이 아닌 민간인이 6·25 전쟁사를 펴내게 된 계기는
1996년 이경종 씨가 정부로부터 참전용사증을 받으면서부터다.
아들 규원 씨는 "'그 어린 나이에 조국애를 생각하며 사선을 넘나
들었던 게 인제야 종이 1장으로 돌아왔다'며 한숨을 쉬시는 것을
보며 그날의 '젊은 사자들'을 위해 뭔가를 해야겠다는 생각이 들었
다"고 말했다.

60년 전 6·25전쟁이 발발한 뒤 전국에서 수많은 학도병이 참전
했지만 인천에서는 한날한시에 3,000여 명이 전쟁터로 떠난 것이
특징이다. 이들은 1950년 12월 18일 인천 숙현국민학교(현재 초등학
교)에 집결해 20여 일을 걸어서 부산에 도착, 육군과 해병 훈련소에

입소했다. 당시 인천 학생 600여명이 한꺼번에 지원한 해병대 6기는 지금도 '인천 기수'로 불린다.

이 씨도 부산의 육군제2훈련소를 거쳐 향로봉·금화지구 전투와 지리산 공비토벌작전 등에 참가한 뒤 54년에야 고향 인천으로 돌아왔다. 대부분의 학도병 전우들과 마찬가지로 이 씨도 제대 뒤에는 생업에 쫓겨 학교로 돌아가지 못했다. 규원씨는 "아버지의 학교 동창들은 은행지점장·교장 등을 지내셨는데 아버지만 세탁소를 하며 어렵게 자식들을 공부시키는 게 이상하다 생각했는데 뒤늦게서야 이런 사정을 알게 됐다"라고 말했다.

이때부터 부자는 당시 전사한 208명을 포함한 3,000여 인천 학도병을 기리는 일에 본격적으로 나섰다. 이씨는 참전 전우들의 전사를 기록으로 남기기 위해 생존자들을 찾아 전국 곳곳을 누볐다. 수소문 끝에 어렵사리 옛 전우를 만나면 녹음기에 생생한 육성으로 참전기를 담고 빛바랜 흑백사진들과 훈장·전역증서들을 수집했다. 지금까지 이렇게 찾아다닌 생존 인천학도병이 500여 명에 이른다. 이 씨는 "자료 보충을 위해 다시 찾아가 보면 어느새 세상을 떠났다는 소식을 들었을 때가 가장 슬펐다"라고 말했다.

아들 규원 씨는 아버지가 수집해 온 참전 자료들을 정리해 전사로 편찬하는 작업에 수 년째 계속하고 있다. 그는 "발품을 팔아 엮어내는 인천학생참전사는 공식 전사보다 그날의 매캐한 포연 냄새가 더욱 짙다"고 말했다.

올해 펴낸 530쪽 분량의 제3권에는 도솔산 전투 등에 참가한 김현생(인천상업중학교) 해병 등 21명의 참전기를 실었다. '전사 인천학생 명단' '참전 인천학생 명단'을 비롯한 관련 자료도 수록돼 있다. 매 권마다 2,000여만 원을 들여 1,000질씩 인쇄해 참전 용사들과 각급 학교에 보내고 있다.

– 인천=정기환 기자

이경종, 이규원 두 부자가 10년 넘게 매달리는 일이 있다. 조국의 운명이 풍전등화처럼 흔들릴 때, 교복 차림으로 전선으로 달려간 학생들을 기리는 사업이다. 사재를 털어 기념관을 열고 참전사를 발간하고 있다.

'인천학생 6·25참전 기념관'은 인천 중구 신포시장 인근에 있다. 참전사는 10권까지 발간할 계획으로 현재 4권까지 발간됐다.

내가 더 관심을 갖게 된 것은 이규원 씨의 효심 때문이다. 학도병으로 참전한 아버지의 헌신을 잊지 않으려는 그 마음이다. 그는 "과거를 잊으면 내일도 없다"고 주장한다. 아직은 국가나 인천시의 관심이 너무 부족하다. 그러나 국난國難을 잊은 후세들에게는 귀한 유산이 될 것이다.

"할아버지 떠난 항구 105년 만에 왔어요"(문대양)

[중앙일보] 입력 2008. 06. 14 00:59 / 수정 2008. 06. 14 01:45

'미국 첫 이민자 3세' 문대양 하와이주 대법원장
인천, 이민사박물관 개관
할아버지 대신 금의환향
전시품 5,000점 대부분 현지 교민들이 보내와

'1902년 12월 22일 인천 제물포항. 살을 에는 바닷바람 속에 한 무리의 남녀가 봇짐을 메고 일본 상선 겐카이마루玄海丸호에 올랐다. 배는 뱃고동 소리와 함께 정든 월미도를 돌아 바다로 나갔다. 떠나는 이들도, 부두에 전송 나온 이들도 일제히 울음을 터뜨렸다.'

기울어져 가던 대한제국을 뒤로 하고 미국 하와이로 향하던 한국 최초의 이민선 출항 모습이었다. 이 중 평양이 고향인 문정헌 씨와 이만기 씨는 3주간의 항해 끝에 이듬해 1월 13일 호놀룰루항

문대양 하와이주 대법원장(右)이 13일 인천 송도 국제도시 갯벌타워 전망대를 방문해 송도개발현황에 대한 설명을 듣고 있다.

에 도착했다. 이후 3년간 제물포항에서는 모두 7,400여 명의 하와이·멕시코 이민을 태운 64척의 이민선이 잇따라 출항했다. 문 씨와 이 씨는 숨이 턱턱 막히는 사탕수수 농장의 중노동과 힘겨운 정착 생활을 헤쳐 나가며 사돈을 맺었다.

105년이 흐른 2008년 6월, 두 이민 1세대의 손자이자 외손자인 로널드 문(문대양, 68) 씨는 하와이주 대법원장이 돼 할아버지 일행이 눈물 속에 이별했던 월미도를 찾아왔다. 13일 월미도의 '한국이민사박물관' 개관식에 어머니(90)와 함께 초청된 것이다.

"인천에 오니 어머니 품에 안기듯 '따뜻한 느낌Warm Feeling'이 듭니다." 한국말에 익숙하지 않은 그는 "월미도와 인천항을 돌아보고 힘들었던 시기에 각고의 노력으로 낯선 땅에 당당히 뿌리를 내

린 조상에게 감사드렸다"며 "조국 한국이 더 자랑스럽다"고 영어
로 말했다.

그는 40년 이민 2세인 문덕만 씨와 메리 리 씨 사이에서 태어났
다. 하와이에서 고교를 졸업하고 아이오와주립대에서 박사학위(법
학)를 받았다. 하와이 연방지법과 검사를 거쳐 14년간 변호사로 활
동하다 2003년 대법원장에 올랐다. 한인으로서는 최초의 미국 주
대법원장이다.

그의 조부가 살아온 자취는 초기 한국 이민사의 단면도다. 할아
버지 문정헌 씨는 이민 초기 빅 아일랜드의 사탕수수밭에서 농업
노동자로 일하며 조국에서 온 '사진 신부'와 결혼한다. '사진 신부'
는 1910년 한국 노총각 문제를 풀기 위해 한국에서 보내온 사진만
으로 신부감을 결정하면 결혼 이민이 가능했던 제도다. 사탕수수
농장에서 자립 기반을 마련한 문 씨는 군기지가 들어서면서 번성
한 와히아와에서 양복점을 열었다. 외조부 이만기 씨도 이곳에서
이발소를 운영했다.

초기 이민자들은 고달픈 생활이었지만 독립운동 자금을 모금해
상해임시정부의 젖줄 역할을 했다. 해방 뒤에는 그들이 마지막으
로 본 조국 땅 인천을 위해 인하공대 설립 자금을 보내기도 했다.
인하대의 교명도 인천과 하와이의 첫 글자를 딴 것이다.

양철 도시락 등 5,000점 전시

한국이민사박물관은 세계 각지에서 당당히 뿌리를 내린 700만

이민자를 기리기 위해 세워졌다. 2003년 초 안상수 인천시장이 하와이에서 열린 미주 이민 100주년 행사에 참가했던 게 계기가 됐다. 당시 백발의 이민 할머니들이 "인천에서 왔다"는 이유만으로 뺨을 비비며 우는 걸 보곤 "너무 무심했다"는 생각이 들어 박물관을 구상했다고 한다.

박물관의 전시품 5,000여 점은 대부분 현지 교민들이 보내왔다. 생존을 위해 군번줄처럼 목에 걸고 다녔던 사탕수수 농장의 노동자 인식표, 양철 도시락…. 이날 완공된 1단계 박물관은 하와이의 사탕수수, 멕시코의 에니깽(알로에) 농장 이민 위주의 미주 이민사를 담았다.

개관 행사에는 문 대법원장 외에 세계적 무대예술가인 윌라 김, 강영우 미 백악관 국가장애위원회 위원, 김태연 라이트하우스 회장 등 미국과 멕시코 등지에서 활약하고 있는 재외동포 초청 인사와 유물 기증자 40여 명이 참석했다. 인천시는 올해 하반기부터 60년대 독일 광부·간호사 파견 등 유럽·러시아·중국 이민사를 담을 2단계 사업에 착수한다.

인하대 '송도 시대'를 연다(홍승용)

[중앙일보] 입력 2006. 10. 05 01:17 / 수정 2006. 10. 05 06:18

"지식기업형 캠퍼스 세워 인재 육성"
'인하대 송도시대' 여는 홍승용 총장

"세계화 시대에 경쟁력 있는 인재를 육성하려면 강의, 연구 중심의 상아탑을 벗어나 첨단산업기술의 연구, 개발에서부터 마케팅까지 하나의 흐름을 타고 이루어지는 지식기업형 캠퍼스가 필요합니다."

최근 인천 송도국제도시에 55만 평 규모의 국내 첫 미래형 캠퍼스를 짓겠다는 구상을 밝힌 홍승용(57) 인하대 총장은 "이제 대학

개혁은 국가 생존이 달려있는 과제"라고 강조했다. 그의 청사진이 실현되면 인하대는 50여년 용현동 시대를 접고 제2의 도약기를 맞을 것으로 기대된다.

인하대는 100여 년 전 인천항에서 이민을 떠났던 하와이 교민들이 "잘사는 조국을 만들 인재들을 키워달라"며 보내준 성금으로 1954년 설립됐다. 홍 총장은 "지난 50여 년간 인하대는 이공계 분야를 특화해 산업화의 역군들을 많이 배출했다. 그러나 무한경쟁의 세계화 시대에서는 인재육성의 틀도 바뀌어야 한다"며 신개념 캠퍼스의 필요성을 강조했다.

그는 글로벌 지식기업형 캠퍼스에 대해 "쉽게 말해 '굴뚝없는 산업단지'"라고 설명했다. 세계 수준의 기업·연구소.대학들과의 국제협력을 바탕으로 NT(나노), BT(생명공학), IT(정보), ST(항공), 물류 등 첨단기술분야를 집중 육성하고 연구.개발.비지니스를 동시에 수행해 나가는 캠퍼스라는 것이다.

예를 들어 ST복합단지의 경우, 1~5층은 강의.연구활동 중심이지만 6~10층에서는 세계적인 항공기업연구소들이 입주해 연구·개발에 주력하고 11~15층에서는 연구개발의 성과물을 생산하고 판매하는 활동이 함께 이루어지는 캠퍼스를 말한다. 인하대는 이를 위해 인천시에 부지를 확보해 줄 것을 요청해 놓았으며 내년 착공해 2010년께 재개교할 계획이다.

홍 총장은 경복고, 고려대를 나와 해양수산개발원 원장, 해양수산부 차관 등을 거쳐 2002년부터 인하대 총장으로 재직 중이다. 그는 평소에도 '대학총장 ABCD론'을 주창하며 대학개혁가를 자임한다. 그는 Activist(행동가), Builder(건설가), Cheerleader(응원단장), Dreamer(비전 제시자) 중에서도 비전 제시자의 역할을 가장 높이 친다.

– 인천=정기환 기자

노르망디처럼,
인천 '그날'을 기린다(박상은)

[중앙일보] 입력 2013. 06. 05 02:20 / 수정 2013. 06. 05 08:57

월미도 기념관 1차 심의 통과

2000년엔 50주년 행사 취소

8년 뒤 박상은 의원이 발의

소극적이던 인천시 땅 제공

한국전쟁 발발 50주년이던 2000년 국방부는 인천상륙작전에 참전한 미 해병 등 600명과 가족 3,000여 명을 초청했다. 상륙작전 D-day인 9월 15일 작전 현장인 인천 월미도 해안에서 그때 그 용사들이 작전을 재현한다는 계획이었다.

인천시는 박상은 당시 정무부시장(현 국회의원)을 단장으로 하는 기획단을 만들어 지원에 나섰다. 그러나 6월 말께 갑자기 행사가

노르망디의 추모행사 제2차 세계대전의 방향을 바꾼 노르망디 상륙작전의 현장에는 각
종 기념시설이 마련돼 있다. 사진은 2009년 6월 6일 미군 전몰자 묘지에서 열린 65주
년 추모행사에서 버락 오바마 미국 대통령이 연설하는 장면. [콜빌쉬르메르=블룸버그]

취소되고 초청도 없던 일이 됐다. 그 얼마 전 평양에서의 남북 정
상회담과 6·15 선언이 몰고온 파장이었다.

그해 9월 15일 박 의원은 미국 출장길에서 TV를 보다 소스라치
게 놀란 기억이 아직도 생생하다. 맥아더기념관이 있는 버지니아
주의 노퍽 해안에서 미 해병 노병 200여 명이 상륙작전 재현 행사
를 하는 장면을 본 것이다. 50년 전 인천 앞바다로 쇄도했던 LST(상
륙주정)도 보였다. 박 의원은 "정작 인천에선 아무 기념행사도 못 했
다는 자괴감 때문에 얼굴이 달아올랐다"고 회고했다. 박 의원은
해군 학사장교를 거쳐 월미도(대한제당)에서 30여 년을 보냈다.

2000년 노퍽 해안의 인천상륙작전 재현에 충격을 받은 박 의원

은 2008년 국회의원 당선과 함께 인천상륙작전 기념사업에 착수했다. 상륙작전의 현장인 인천 월미도에 상륙작전기념공원을 포함해 각종 기념시설을 세우는 사업이다. 정부와 인천시를 설득해 2009년에는 인천시 견학단이 노르망디를 다녀오기도 했다. 프랑스의 노르망디 해안에 못지않은 '전쟁과 평화의 명소'를 조성하기 위해서였다. 이듬해 인천시는 보훈처에 700억 원 규모의 사업계획서를 제출했다. 그러나 그해 6월 지방선거에서 야권연합의 송영길 후보가 당선되자 사업계획서는 휴지조각이 됐다. 야권연합에 참여한 시민단체들은 "전쟁을 왜 기념하느냐"며 반대했다.

이렇게 엎치락뒤치락하던 기념사업이 비로소 실현될 전망이다. 기념사업에 소극적이던 인천시는 부지만 제공하고, 시설사업비는 전액 국비로 한다는 조건으로 지난 3월 정부에 사업계획서를 제출했다. 인천시 관계자는 "63년 전 벼랑 끝 대한민국을 건져낸 세기적 상륙작전을 늦었지만 제대로 기리려는 것"이라며 "지난달 정부의 사업타당성 1차 심의를 통과했다"고 전했다.

기념공원의 부지는 월미도 서남 해안 매립지 2만 5,000㎡다. 1950년 9월 15일 오전 6시33분 미 해병 제5연대 등이 밀어닥친 작전 지명 '그린 비치' 현장이다.

사업비는 450억 원이다. 연면적 3,400㎡의 기념관에는 기록사진, 장비 등 인천상륙작전의 모든 자료가 담긴다. 초토화된 국토 등 전쟁의 참상도 생생히 전시된다. 기념관 바깥으로는 16개 참전국과

5개 의료 지원국을 상징하는 조형물이 세워진다. 한국이 그들을 잊지 않고 있다는 징표다. 1만㎡ 규모의 공원과 광장에는 당시 상륙작전의 긴박한 장면을 보여주는 부조 작품들과 한·미 해병 전승기념비 등이 세워진다. 당시 작전에 참가한 함정들도 상륙주정까지 모두 전시된다. 광장은 해안에 바로 접해 있어 대규모 병력의 상륙 재현 등에 쓰이게 된다.

이 같은 구상은 상당 부분 노르망디 해안을 모델로 하고 있다. 1944년 6월의 노르망디 상륙작전은 일거에 제2차 세계대전의 전세를 뒤집었다. 이 해안에는 지금도 당시 작전에 쓰였던 임시부두와 부교, 잔교 등이 파래가 뒤덮인 채 보존돼 있다. 12㎞의 해안에는 주요 참전국 6개국이 상륙한 지점들마다 해안 기념관이 서 있다. 인근 도시 캉Caen에는 상륙작전 전체를 조감하는 전쟁기념관이 서 있다. 내부에는 당시 참전 병사들의 편지와 유서까지도 남겨져 있다. 월미도가 속한 인천 중구청은 지난 4월 주한 프랑스 대사를 초청하기도 했다. 캉시와 자매결연을 맺어 노르망디 기념관을 벤치마킹하기 위해서다

– 인천=정기환 기자

무료 의료봉사 (박언휘)

[중앙일보] 입력 2000. 10. 10 19:51

휴일마다 무료 진료 나가는 여의사

의료계 총파업 이틀째인 7일 대구시 남구 대명동의 한 소년가장 공부방. 흰 가운을 입고 청진기를 걸친 가녀린 몸매의 한 여의사가 어린 환자들을 돌보느라 바쁘게 움직이고 있었다.

경산대의료원의 박언휘(朴彦輝, 42, 내과) 교수는 매주 주말을 이용해 무의촌과 달동네·장애인 등을 찾아다니며 무료로 인술을 베푸는 고된 일을 4년째 계속하고 있다. 朴교수는 보다 많은 사람들이 혜택을 받을 수 있도록 해마다 연초에 1년치 무료진료 스케줄을 꼼꼼히 준비한다.

지난해는 일요일마다 대구 북구 벧엘교회에서 병원을 찾기가 쉽지 않은 가난한 환자들을 돌보았다. 올해 들어서는 경산의 영광교회와 청도지역 면 소재지 교회에서 일요일마다 농촌 환자들을 돌보고 있다. 토요일 오후도 시간을 내 경로당, 무료급식소인 '희망의 집', 시각장애인들의 '포도나무선교회', 소년가장공부방, 여성가장 가정 등을 돌며 무료진료를 계속한다.

"가난하고 소외된 이웃들을 만나면서 이들을 위한 전문적인 의료서비스가 절실히 필요함을 느꼈습니다." 이 때문에 "처음엔 가끔 주말을 이용한 사회봉사활동으로 시작했으나 4년 전부터는 무료진료가 자신의 일 가운데 가장 중요한 부분이 됐다"고 朴교수는 말했다.

최근 그녀는 경산대의료원의 양방洋方 원장직을 그만두고 현재는 강의만 맡고 있다. 그녀와 친숙해진 농촌 환자들이 주말까지 기다리지 못하고 병원까지 찾아오는 일이 잦아지면서 혹여 주위의 오해로 무료진료 일이 방해받을 것을 우려, 고심 끝에 중책을 포기한 것이다.

그녀의 무료인술에는 이해하고 동참해주는 가족·친지들의 지원이 든든한 힘이 되고 있다. 우선 남편(경북대 생화학과 김유영 교수) 과 두 딸이 늘 자원봉사자로 나서 도와준다. 여기다 지난해부터는 선배의사인 홍정길(52) 씨 부부도 동참, 통증치료를 맡아주고 있다.

약값을 포함, 무료진료 활동을 위해 朴교수가 들이는 비용도 한

달에 자그마치 2백여만 원. 그러면서도 자신의 일이 밖으로 드러
나는 것을 한사코 쑥스러워 한다.

휴일도 없는 강행군이 어렵지 않느냐는 질문에 "어릴적 절친했
던 친구가 가난으로 치료도 제대로 못 받고 백혈병으로 죽어가는
모습을 보면서 스스로와 약속한 일"이라고 털어놓았다.

경북대 의대 출신의 그녀는 의약분업 파동에 대해서는 "의사들
을 한목소리로 매도하고 몰아부치는 분위기는 좀 부담스럽다"고
말했다.

– 정기환 기자, 사진=조문규 기자

[중앙일보] 입력 2010. 06. 25 00:17 / 수정 2010. 06. 25 02:54

해병 청룡부대 이호연 사단장
현충원 비문 모아 시집 펴내
"한 떨기 꽃은 졌어도 그 넋은 영원히 하늘에 사노라"

'한경아!/너 석양빛 받으며/청량
리역을 떠날 때/씩씩하던 모습 어
디 가고/말 없이 돌아왔단 말이
냐… 나는 자랑한다 조국의 명예와
자유를 지키기 위해 장렬히 전사한
너를/네 혼 곁에 엄마가 항시 있으
니/고이 잠들어라(육군 병장 고한경의
어머니)'

6·25전쟁과 베트남전 등의 전장에서 산화한 전몰장병의 묘비명墓碑銘을 모아서 엮은 시집이 발간됐다. 해병 청룡부대(제2사단) 이호연(53, 소장·사진) 사단장은 최근 서울과 대전 현충원 등지의 비문 50여 개를 모아 『해와 달이 지켜주는 사모시思慕詩』라는 제목의 시집으로 펴냈다.

이 장군은 20여 년간 카메라와 수첩을 들고 다니며 나라를 위해 목숨을 바친 전사자들의 비문들을 수집해 왔다. 그는 "20여 년 전 소령 시절 때 서울의 동작동 국립묘지를 찾았다가 가슴 찡한 장면을 목격하고 수집 작업을 시작했다"고 말했다. 먼저 간 아들의 묘비를 쓰다듬고 있는 하얀 소복 차림의 어머니와 남편의 묘 앞에서 넋을 잃은 채 눈물을 닦아내는 젊은 여인의 모습에 그도 따라서 눈시울을 적셨다는 것이다.

이 장군은 저마다 절절한 사연을 담은 이들 비문을 사연의 주인공들을 따라 나눠서 시집에 실었다.

제1부 「꺼지지 않은 불꽃, 자랑스런 내 아들아」는 먼저 보낸 자식을 그리는 부모의 마음을 담았다.

제2부 「일편단심 민들레 사랑」은 나라를 위해 싸우다 먼저 떠난 남편과 애인을 그리는 마음들로 가득하다. '눈물은 언제나 마를 날이 없어/비가 되어 내리는/그때에도 난 당신의 아내가 되리(육군 준위 김말수의 아내)' 등이다.

제3부 「보고픈 우리 아빠」 편에는 '아빠가 보고 싶을 때/하늘을 쳐다본답니다/…아빠를 만날 때까지/성실하고/겸허하게/살아갈 것입니다(해군 중령 유진영의 딸들)' 등 전몰장병 자녀의 마음이 배어 있다.

　제4부 「영원한 전우여」에는 함께 배우고 싸운 군 동기생들의 진한 우정이 담겨 있다. '27세 짙은 젊음을/조국의 하늘에 바쳤노라/…한 떨기 꽃은 졌어도/그 넋은 영원히 하늘에 사노라(공군 소령 김봉율의 동기생)'

　이 장군은 "전사자들의 비문을 찾을 때마다 모윤숙 시인의 시 '국군은 죽어서 말한다'를 떠올렸다"고 말했다. 그는 "전몰장병의 희생에 대한 보상도 당연히 중요하지만 남은 우리들이 그분들을 잊지 않고 기억하고 후손들에게 그분들의 정신을 전해주는 것이 더 중요할 수도 있다는 생각에 한 권의 시집으로 엮어냈다"라고 말했다.

– 김포=정기환 기자

장애우들에 식당 농장 맡겨 자활 돕는 '밥집 아줌마'

[중앙일보] 입력 2008. 12. 20 01:45 / 수정 2008. 12. 20 18:33

[도시의 수호천사] 인천 명동보리밥 박숙희 사장

20여 명이 유기농 채소 재배

야채는 모두 식당에서 구입

매월 주민들에 급식 봉사도

19일 낮 인천 교외 남촌동 들녘의 '땀방울 농장'. 쌀쌀한 날씨에도 200여 평 남짓한 하우스 안에는 연초록의 열무 새싹들이 가득 자라고 있어 봄 기운을 느끼게 했다.

이 농장은 인천 남동구장애인복지회관의 장애우들이 유기농 농사를 짓는 일터다. 이날도 10여 명의 장애우들이 소쿠리를 들고 웃자란 열무 새싹들을 솎아내는 작업을 하고 있었다. 오후 작업반의 정미해(20) 씨는 "새싹이 너무 예쁘다"며 "아기 손을 잡을 때처럼 저절로 기분이 좋아진다"고 말했다.

땀방울 농장은 보리밥집 주인의 도움으로 2006년 시작됐다. 인천시 구월동에서 20여 년째 명동보리밥을 열고 있는 박숙희(52) 씨가 만들었다.

3년 전 어느 봄날 식사를 하던 단골손님 한 명이 "박 사장, 좋은 일 하나 해보지"라며 그를 불렀다. 장애인복지회관에서 장애우들에게 일거리를 마련해 주기 위해 고심하고 있다는 것이었다.

이 손님은 "일거리보다 더 큰 장애인 복지가 어디 있겠느냐"며 장애우들을 위한 농장을 제의했다. 돈이 걱정됐지만 귀가 솔깃했다. 평소 우리 땅에서 나는 먹거리만 손님상에 올린다고 자랑해 온 만큼 직거래 농장을 하나 갖고 싶었다. 보리밥 메뉴에 많이 들어가는 새싹과 배추·무를 장애우들이 키운 유기농 채소로 공급받으면 그들의 자활에도 도움이 될 것 같았다.

장애인회관에서 가까운 교외에 나온 350여 평의 밭을 바로 계약했다. 잔금 1억 원은 은행에서 빌렸다. 이때부터 이 밭은 남동구장애인복지회관 직업재활팀의 장애우 20여 명이 땀 흘리는 농장이 됐다. 이곳에서는 철을 바꿔가며 열무 새싹, 배추, 방울토마토 등을 길러내 명동보리밥에 공급한다. 올 가을부터는 무청으로 시래기도 만들고 허브 농사도 새로 시작했다. 오전·오후로 나눠 일하는 장애우들에게 월 20만~30만 원씩의 일품도 지급된다.

지도교사 곽경숙(48) 씨는 "실내에 갇혀 지내는 시간이 많은 아이들이 농장에서 식물을 키우며 몸과 마음이 건강해지는 것을 느

명동보리밥의 박숙희 씨(右)가 19일 오후 인천 교외에 있는 땀방울 농장을 찾아 장애우들과 함께 열무 싹 솎아내기를 하고 있다

낀다"며 "아이들이 매주 한 차례씩 명동보리밥으로 납품 나들이 가는 것을 가장 즐거워한다"고 전했다. 내년부터는 타 지역 장애우들을 위한 농장 견학 프로그램도 운영할 계획이다. 19일 농장을 찾은 박 씨는 "아이들이 일을 좋아한다니 내가 더 고맙지"라고 말했다.

명동보리밥은 보리밥집답지 않게 3층짜리 대형 식당이다. 200여 평의 넓이에 한꺼번에 350명까지 식사할 수 있다. 구수한 보리밥·된장 냄새와 종업원들의 부산한 발길로 늘 왁자지껄하다.

단골손님도 종업원도 대부분 10년, 20년씩 명동보리밥과 함께 나이를 먹은 이들이다. 30여 명에 이르는 종업원은 매월 둘째 수요일이면 비상이 걸린다. 남동구복지회관에서 매월 한 차례씩 300명분의 새싹비빔밥 급식 봉사를 하는 날이다.

2005년 시작한 명동보리밥 급식 봉사는 구월동 주민자치회관에서도 매년 봄과 가을 두 차례씩 계속하고 있다. 외환위기 이후 5년간은 장애우 가정 5가구와 결연을 하고 매월 10만 원씩 지원하기도 했다. 손님들에게서 딱한 사정을 전해 듣고 즉석에서 시작한 이웃돕기다. 명동보리밥에서 10년 넘게 일해 온 홍미경(45) 씨는 "언니가 손이 너무 커 우리까지 고생한다"면서도 싫지 않은 표정이다.

– 정기환 기자

[중앙일보] 입력 2008. 05. 08 01:45

2006년 2월 초 안상수 인천시장은 반신반의의 심정으로 미국 애틀랜타행 비행기에 올랐다. 미국 부동산 개발회사인 포트먼홀딩스의 투자로 송도에 151층의 극초고층 빌딩을 짓는 사업의 양해각서 MOU를 체결하러 가는 길이었다. 이 회사의 존 포트먼(83) 회장이 미국 교과서에 실릴 정도의 실력 있

는 건축설계사라는 것은 알고 있지만, 151층 빌딩 건설 사업이 과연 가능할지 스스로도 확신하기 힘들었다.

2003년 8월 송도 등이 인천경제자유구역으로 지정되면서 안 시

장은 해외 투자자를 찾아 동분서주했다. 그러나 아무도 인천을 주목해 주지 않았다. 2004년 말 두바이에서 세계 최고층의 '버즈 두바이'를 보고서는 무릎을 쳤다. "151층 정도의 쌍둥이 빌딩이면 전 세계에 인천과 송도를 알릴 수 있겠다"고 생각한 것이다. '인천타워'라는 이름도 미리 지어 놓았다. 그러나 "미쳤다"는 반응만 돌아왔다. 인천 시내 빌딩들도 남아도는 판에 무슨 쌍둥이 빌딩이냐는 것이었다. 안 시장은 "일본·중국은 지진·황사 때문에 하고 싶어도 못하기 때문에 한국만 할 수 있다"고 설득했지만 투자자는 좀처럼 나타나지 않았다.

포트먼과는 어떻게 연결됐나

"2005년 10월 인천을 방문한 포트먼 회장에게 인천타워 구상을 밝히자 즉석에서 '시장성이 있다'고 했다. 막상 내가 '어떻게 가능하냐"고 물었더니 '동아시아 최고 빌딩이면 비즈니스 모델이 나온다'며 삼성·현대건설까지 연결해 주었다. 후일 미국에서 만난 포트먼 회장은 '지난 50년 동안 세계 최고 건축물에 대한 주문이 없어 건축가로서 서운했다'고 털어놓았다."

사업 추진에 규제나 난관은 없었나

"151층 쌍둥이 빌딩이 들어설 곳은 아직 매립이 안 된 바다다. 법적으로는 매립한 뒤 다시 땅을 파서 빌딩을 올려야 하지만 현대 건축기술로 보면 엄청난 낭비다. 매립 전 착공이 가능하도록 3년째 정부에 법 개정을 요청한 끝에 긍정적으로 검토되고 있다. 한

건물 내에 호텔과 아파트가 같이 들어설 수 없다는 주택법의 개정
도 최근 성사됐다. 현행 건축 규정상 엘리베이터 설치 요건을 만족
하려면 인천타워 면적의 절반을 엘리베이터가 차지할 판인데, 이
것도 주택법에 '특별건축구역'이라는 개념을 도입하는 방식으로
어렵사리 풀었다(151층 쌍둥이 빌딩인 인천타워는 다음달 착공돼 2013년 완공될
예정이다)."

송도는 어떤 도시로 건설되나

"송도국제도시를 개발하면서 '돈은 정확하다'는 말을 새삼 느꼈
다. 세계적 인재들이 몰려들 만한 도시에는 돈과 기업들이 따라온
다. 송도에는 인천대교·인천타워·잭 니클로스 골프장·국제학교
등 세계 10대 명품들을 갖춰 최상의 비즈니스·주거 환경을 갖출
것이다. 연세대와 UC버클리, 노스캐롤라이나 주립대가 들어설 송
도 국제 캠퍼스에서는 '친親 코리아' 인재들을 길러낼 것이다. 송도
는 100% 인공도시인 두바이를 넘어 서해 갯벌 위에 한국적 상상
력을 실현해 나가는 신천지가 될 것이다."

– 정기환 기자

"나를 더 이상 좌파로 보지말라"(송영길)

[중앙일보] 입력 2010. 06. 08 02:12 / 수정 2010. 06. 08 09:21

"송도를 대표적 경제특구로,
투쟁 아닌 일로 평가받겠다."

송영길 인천시장 당선자가 자신은 좌파가 아니라고 말했다. 또 280만 시민들의 복리를 책임진 만큼 앞으로 '투쟁'보다는 '일'로 평가받겠다고 했다. 야당 단체장이지만 대통령을 만나 지역 발전을 위해 필요한 것을 제안하고 적극적으로 요구하겠다는 말도 했다. 이념에 휘둘리기 쉬운 정치나 선거에서 한발 물러나 지방을 살찌우는 행정에 매진하겠다는 것이다.

송 당선자는 7일 오후 중앙일보와의 인터뷰에서 선거운동 기간 중 좌파라는 공격을 많이 받았으나 자신을 더 이상 좌파로 보지 말아 달라고 주문했다.

그는 그 근거로 학생·노동운동 시절 (북한의 주체사상을 추종하는) 주사파와 싸웠고, (좌파와 일부 시민단체 등이 주장했던) 인천의 맥아더 동상 철거 주장에 반대하는 성명을 냈으며, 지난 정권에서 한·미 자유무역협정FTA 체결을 주도했다는 점을 들었다.

그는 이어 "나는 더 이상 투쟁하는 정치인이 아니며 일하는 송영길, 콘텐트가 있는 정치가임을 행정으로 보여주겠다"고 말했다. 실제로 그는 송도를 포함한 인천경제자유구역을 한국의 대표적인 경제특구가 되도록 가능한 한 모든 노력을 하겠다는 입장을 분명히 했다.

송 당선자는 "이명박 대통령은 물론 여야 정치인을 만나 규제완화와 재정지원을 설득할 것"이라며 "인천경제자유구역의 성공은 인천만이 아닌 대통령의 성공이라는 점도 (여권에) 분명히 얘기할 것"이라고 말했다.

그는 또 "행정은 선거나 정치와 다르며 이젠 정치에서 떨어져 시민을 보고 일을 해야 한다"고 덧붙였다. 야권이 지방선거에서 승리했지만 중앙정부와의 대립·갈등보다는 지역발전을 위한 제안이나 협의로 시너지 효과를 내는 행정을 해야 한다는 것이다.

– 정기환 기자

6·25 때 목숨 걸고 고향 지켰는데 양민학살이라니

[중앙일보] 입력 2010. 03. 05 01:37 / 수정 2010. 03. 17 02:27

명예회복 나선 '강화특공대' 노병들

2일 인천시 강화군 하점면 부근리의 한 야산 중턱. 백발의 팔순 노인 10여 명이 힘겹게 산을 올라 한 초라한 비석 앞에서 무릎을 꿇었다. 기단도 없이 군데군데 모서리가 깨어져 나간 이 작은 비석은 뒷면에 22명의 전사자 명단을 담은 '강화특공대의적불망비'다. 산에 오른 이들은 강화향토방위특공대 전우회원으로 60년 전 한국전쟁 당시 군번도 없이 고향 강화 섬을 사수한 역전의 노병들이었다. 이계용(86, 강화읍) 전우회장은 "적의 침략에 맞서 목숨 걸고 고향을 지켜냈던 이들을 '양민 학살자'로 매도하는 세태가 너무 기막혀 먼저 간 전우들을 찾아왔다"고 말했다.

이들은 산에 오르기 전 강화읍내의 한 식당에서 46명의 전우가

182

강화특공대 전우회원들이 강화군 하점면 부근리에 있는 '강화특공대의적불망비'를 찾아가 명예 회복을 다짐하고 있다. 뒷줄 왼쪽부터 최승범·이희석·이석범·조기수·홍영희·홍순주·이계용. 앞줄 왼쪽에서부터 이동호·신재은·김범수·안득규 대원. [정기환 기자]

참가한 가운데 정기총회를 열고 3통의 청원서에 연대 서명을 했다. 인천시장과 강화군수에게 보낸 청원서는 『신편 강화사』의 왜곡된 내용을 바로잡아 주고 버려지다시피 된 특공대 불망비를 원상 복구해 달라는 내용이다. 나머지 한 통은 '진실화해를위한과거사정리위원회'에 대해 '강화특공대가 430여 명의 민간인을 집단 학살했다'는 결정(2008. 7. 17)의 증거자료를 공개해 달라는 청원이었다.

강화향토방위특공대는 중공군의 개입으로 국군의 후퇴가 거듭

되던 1950년 12월 18일 조직됐다. 강화 섬을 지키던 유엔군 소속 터키군과 경찰의 철수가 임박하자 24명의 청년이 피란 대신 '고향 강화 사수'를 결의했다. 9·28 수복 후 강화치안대장을 지냈던 최 중석(2008년 작고) 씨를 대장으로 전투가 한창일 때는 500여 명의 병력을 자랑하기도 했다.

이들은 철수한 경찰의 총으로 무장하고 51년 3월 16일 해산하기까지 10여 차례의 전투를 벌이면서 강화도를 지켜냈다. 1·4후퇴 이후 평택·안성까지 전선이 밀렸음에도 강화도는 적이 감히 건너오지 못했을 정도였다.

첫 전투는 51년 1월 8일 돌머루에서 벌어졌다. 대원들은 바다 넘어 개풍군에서 80여 명의 내무서원과 강화 출신 공산당원 300여 명이 배를 타고 강화도에 상륙할 것이라는 첩보를 입수하고는 돌머루 선착장에 매복했다. 오전 2시쯤 적들이 배를 타고 섬에 접근하자 선공에 나서 인민군과 내무서원 등 289명을 생포했다.

1월 18일에는 가장 치열했던 '당산 전투'가 벌어졌다. 김포해안으로부터 상륙해 오는 인민군 2개 중대와 맞붙었으나 박격포와 중기관포 등의 화력에 밀려 이용석·용달 형제대원 등 17명이 전사하고 석모도로 후퇴해야 했다. 석모도에서 전열을 가다듬어 1월 30일에는 강화읍을 재탈환했다.

모두 22명의 대원이 전사한 이들 전투는 『한국전쟁과 유격전』(육군본부 군사연구실, 94년) 대표 사례로 기록돼 있다. 이 같은 전공을 기

려 강화군은 52년 강화읍내 대로변에 3개의 기단을 갖춘 강화특공
대의적불망비를 세웠다. 또 특공대의 전적은 320년의 전통을 자랑
하는 향토사 『강화사』에 상술됐다.

그런데도 2003년 강화문화원이 펴낸 『신편 강화사』에는 강화특
공대의 양민 학살 의혹이 13쪽에 걸쳐 독립된 장으로 실려 있었다.
현대사 제3장 「강화의 수난과 민간인 학살」에는 공공연히 강화특
공대를 가해자로 지목했다.

90년 후반부터는 양민 학살 진실규명 목소리가 강화도 내외에서
나오기 시작했고 유족들의 목소리가 커졌다. 2007년 들어서는 생
존 대원이 하나둘씩 진실화해위원회에 출두해 조사를 받았다. 병
든 몸으로 조사를 받았던 최중석 대장은 조사실을 나와서는 "피를
토할 노릇"이라며 울부짖었다고 한다.

강화특공대원들은 현재 강화도 거주 60여 명을 포함, 100여 명이
생존해 있다. 이들은 "갈 날이 머지않은 나이에 훈장을 바라지는
않는다"며 "그러나 고향 향토지에조차 '양민 학살자'로 남아서는
먼저 간 전우들이나 자손들 볼 낯이 없다"며 청원서에 도장을 눌
렀다.

이에 대해 진실화해를위한과거사정리위원회 측은 "강화 지역
민간인 희생 사건에 대한 진실규명 신청을 받아들여 소정의 조사
활동을 거쳐 진실규명 결정을 내린 것"이라고 밝혔다.

– 강화=정기환 기자

2007년도 가을쯤 한 노인이 찾아왔다. 6·25 때 목숨 걸고 고향을 지켜
낸 강화특공대가 양민학살자로 몰리고 있다는 하소연이었다. 노무현 정부
가 들어서면서 현대사의 여러 사건들에 대한 재평가가 무리하게 진행되던
시기다. 진실화해위원회는 거의 양민학살로 규정지으려 하고 있었다.

강화도로 건너 가 당사자들을 만나니 땅을 치고 한탄하는 것이었다. 그
러나 기사화는 쉽지 않았다. 우선 '양민'과 '학살'의 개념부터가 쌍방이 너
무 달랐다. 60년이 지난 오늘의 잣대로 그때 전쟁 당시를 재단하는 격이
었다.

기사화하는 데 3년이 걸렸다. 강화 향토사도 여러 번 읽었다. 강화도를
여러 차례 오고 간 끝에 쓴 기사였다. 물론 상대측의 반론도 최대한 반영
했다. 역사를 오늘의 잣대로 쓰는 것은 위태롭다. 그러다간 세종대왕도 온
전치 못할 것이다.

50년
최 씨 고집(최수부)

[중앙일보] 입력 1996. 04. 03

[인터뷰] 보건훈장 목련장 받는 광동제약 최수부 회장

"좋은 상품에는 소비자가 반드시 보답한다고 생각합니다."

제약시장의 최고 히트상품으로 떠오른 한방감기약 광쌍탕-F의 산파역인 최수부(崔秀夫, 62)광동제약회장은 오는 6일 보건의 날을 맞아 국민보건훈장 목련장을 받는 소감을 이렇게 피력했다. 최 회장의 야심작인 광쌍탕-F는 국내 최초의 무방부제 생약이라는 강점이 부각되면서 시판 1년 만에 국내 4위의 베스트셀러 의약품으로 뛰어올라 화제를 모았다.

최 회장은 "병으로부터 몸을 지키기 위해 먹는 생약에 방부제를 쓰는 것은 말이 안된다"면서 무방부제 생약개발을 진두지휘했다. 92년부터 2년간 30억 원의 연구개발비를 들여 6단계의 특수멸균 처리 방식을 거치며 광쌍탕-F를 개발해 낸 것이다. 그러자 94년 8월 발매된 지 3개월 만에 5천만 병이 팔려 단숨에 시장을 석권했고 지난해는 1억 병으로 시장점유율 58%를 기록했다.

한약방 외판원으로 출발해 남보다 3~4배 많은 영업실적을 올리면서 자신감을 키운 최 회장은 63년 '한방요법의 과학화'를 내세운 광동제약을 세웠고 이 회사를 해마다 30%씩 성장시켜 지난해는 업계 14위에 올려놓았다.

지금도 주요 생약원료를 직접 고르고 영업사원처럼 일선약국을 누비고 다니는 회장으로 유명한 그는 창업초기 법으로 금지돼 있던 방문판매로 옥고를 치르기도 했다.

– 정기환 기자

얼마 전 타계한 최 회장님이 생각나 이 기사를 찾아냈다. 당시 힐튼호텔 커피숍에서 만난 그는 참으로 소박한 성품이었다. 차림새도, 언행도 그랬다. 단 한 번의 대면으로도 그 인품을 읽을 수 있는 사람들이 있다. 그래서 오래 생각나는 사람들이 있다.

Chapter 4

화제를 찾아서

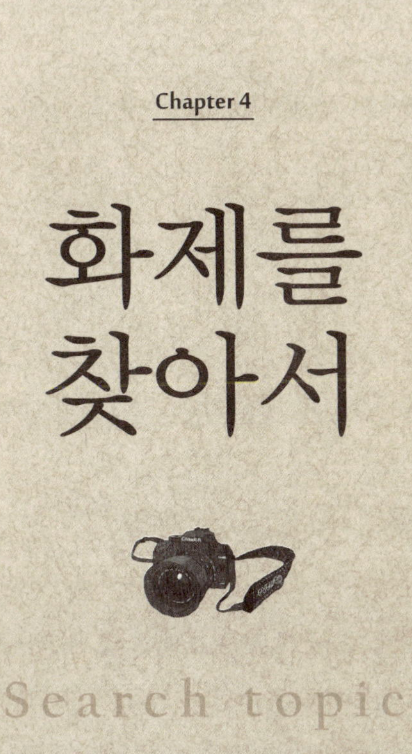

Search topic

최근 들어 '소폭'이 대세를 이루고 있다.
'양폭(양주+맥주)'보다 낫다는 것이다.
이 현상에 대해 해석도 구구하다.
불경기 때문이라고도 하고 도수가 약한 술에 대한 선호라고도 한다.
나는 달리 생각한다.
이제서야 '우리 것'을 부끄러워하지 않고 '자신감'을 갖게 된 것이다.
— 「소주도 이제 골라 마시는 시대」 중에서

733억 들인 골프장, 매일 1억 잡아먹는 머니홀

[중앙일보] 입력 2013. 05. 03 01:31 / 수정 2013. 05. 03 01:50

수도권매립지 골프장 운영권 다툼…
완공하고 9개월째 개장 못해

공항고속도로를 달리다 보면 영종대교 못 미쳐 수도권매립지가 보인다. 매일 2,500만 수도권 주민의 생활쓰레기가 들어와 묻히는 곳이다. 이 황량한 곳에 오아시스처럼 광활한 초원이 펼쳐져 있다. 드림파크골프장이다. 시민들이 즐겨 찾는 매립지로 만들기 위한 시민 체육시설이다. 지난해 여름 완공됐지만 문이 잠겨 있다. 밥그릇 싸움의 결과다. 여전히 진행형인 이 암투의 전말을 들여다본다.

환경부, 특혜 논란에도 민간 위탁 고집

1일 찾아가 본 인천시 서구 백석동의 드림파크골프장은 봄의 절정이었다. 잔디 새싹이 파릇하게 돋아나고 길섶에는 야생화들이

733억 원을 들인 공공시설인 드림파크골프장이 공사를 마치고도 9개월째 문을 못 열고 있다. 주인 없는 시민체육시설을 놓고 저마다 운영 주도권을 다툰 결과다. 개장도 못해 손님이 없는 그린을 지난달 23일 인부들이 손질하고 있다. [인천=김상선 기자]

지천이었다. 몇 년 전까지 땅속 수십 미터 깊이까지 쓰레기를 파묻었던 곳이란 생각은 전혀 들지 않았다. 지붕과 외벽이 청동 녹색을 띤 클럽하우스는 여느 명문 골프장 못지않은 자태를 뽐냈다.

그러나 클럽하우스 내부와 필드의 분위기는 완전 딴판이었다. 꽃샘바람만 휘몰아칠 뿐 인적은 찾을 길이 없었다. 그런데도 사업을 시행한 수도권매립지공사는 9개월째 매월 10억 원의 유지관리비를 부담하고 있다. 골프장 입장료 수입(그린피 10만 원 가정)까지 감안하면 월 25억 원 이상을 날리고 있는 셈이다. 진입도로도 나기 전에 하루라도 앞당겨 개장하는 것이 골프장 사업이다. 민간사업이었으면 상상도 못할 일이 이곳에서 벌어지고 있는 것이다.

본격적인 골프 시즌을 맞아 부킹 전쟁이 벌어져야 할 곳이 왜 이런 모습일까. 결론부터 말하면 감독기관과 공기업, 주민, 지자체가 한데 엉켜 운영권 싸움을 벌인 결과다. '주인이 따로 없는 공공 골프장'을 놓고 저마다 '공익의 사유화'에 몰두했다. 완공한 지 9개월이 넘었지만 단 한 차례도 문을 열지 못했다. 인천경실련 김송원 사무처장은 "주인 없는 공공재의 이권을 놓고 우리 사회 관료 집단이 서로 다투는 적나라한 모습을 고스란히 보여주고 있다"고 평했다.

매립지공사, 자회사 세운 뒤 실권 쥐려

드림파크골프장은 쓰레기 매립이 끝난 제1매립장의 153만㎡ 부지에 36홀 규모로 조성됐다. 이 땅에 잔디를 심은 건 2006년이었다. 2010년 9월에 착공했지만 핵심 인프라인 잔디가 이미 심어져 있어 진척이 빨랐다.

건설비로는 수도권 지자체들이 낸 매립지 기반시설부담금 733억 원이 투입됐다. 인근 지역 땅값까지 고려하면 수천억 원대의 골프장인 셈이다. 조춘구 전 수도권매립지공사 사장은 "세계 최대의 쓰레기매립지를 환경 명소로 가꾸기 위해 시작된 사업"이라고 밝혔다.

운영권 다툼은 코스 공사가 채 끝나기도 전인 2011년 초부터 조짐을 보였다. 그해 3월 매립지공사 회의실에서 회의가 열렸다. 환경부 실무팀장과 환경부 출신의 공사 실무자들이 골프장 민간 위탁 방안을 모색하기 위해 마련한 전문가 자문회의였다. 하지만 매립지공사 사장은 이런 회의가 열린다는 사실조차 몰랐다. 회의는 참가자들의 의견 충돌로 결론 없이 끝났다.

환경부는 경영 효율화를 이유로 민간 위탁을 내세웠다. 당시 이명박 정부의 '공기업 몸집 줄이기' 정책도 명분이 됐다. 그러나 수백억 원을 들인 골프장을 민간업자에게 통째로 넘겨주는 특혜 논란이 문제였다. 매립지 주변에서는 전·현직 환경부 출신의 '환경마피아'들이 민간 위탁 방식으로 사실상 골프장을 접수하려 한다는 소문이 떠돌았다.

반면에 매립지공사 측은 자회사를 설립해 골프장을 운영하려 했다. 주민 복지와 아시안게임 활용 등 공공성 확보가 명분이었다. 또 쓰레기 매립으로 아직 완전하게 다져지지 않은 골프장 토양 관리를 위해서도 공기업의 전문가가 참여해야 한다는 논리도 내세웠다. 이 역시 공기업의 밥그릇 챙기기를 위한 구실이란 지적에서 자유롭지 못했다.

이때부터 매립지공사 측과 감독관청인 환경부 사이의 암투가 본격화됐다. 2012년 8월에 개장한다는 일정을 잡은 매립지공사는 연초부터 환경부에 운영방식을 빨리 정해 줄 것을 거듭 재촉했다. 환경부가 6월 들어 자회사 설립을 승인하면서 운영방식 결정은 가닥을 잡는 듯했다.

이 무렵 이해하기 힘든 해프닝이 일어났다. 7월 초 골프사업에 종사한다는 이 모 씨가 환경부 기자실 등에 보도자료를 배포했다. 그는 "민간 위탁 업체를 선정하는 경쟁입찰에 대비해 1년 전부터 15명의 전문인력을 채용하고 준비해 왔다"며 "환경부가 민간 위탁 운영을 지속적으로 요구했지만 공사 측이 받아들이지 않았다"고

했다. 전·현직 환경부 관계자들이 연루된 여론몰이성 기자회견이
란 의혹이 제기됐다. 그 직후 환경부는 다시 자회사 설립을 중지하
라는 지시를 내렸다.

주민 이어 인천시도 "운영 참여하겠다"

환경부와 매립지공사가 다투는 사이 인천시와 주민들도 제 몫
찾기에 나섰다. 관련 법률에 따라 매립지 주변 2㎞ 내 주민들로 구
성된 주민지원협의체는 민간 위탁 철회를 요구하며 9월 초부터 50
여 일간 쓰레기 준법감시 활동에 들어갔다. 매립지에 들어오는 쓰
레기에 섞인 음식물·재활용품 등을 엄격하게 감시하겠다는 것이
다. 반입 차량의 90%가 이들에 의해 되돌려 보내지면서 쓰레기 대
란 직전까지 가기도 했다.

인천시도 운영 참여를 요구하고 나섰다. 인천시는 "특혜성 민간
위탁은 안 된다"며 "인천시의 운영 참여가 보장되지 않으면 모든
인허가를 불허할 것"이라고 선언했다. 인천시는 준공검사와 골프
장 사업, 식당 영업 등에 관한 인허가권을 쥐고 있다. 인천시의회
등은 "인천시민 무료입장 등도 관철돼야 한다"며 가세했다.

관련 업계에서는 운영권 다툼의 배경에 카트 사업권이 깔려 있
다고 보고 있다. 카트 사업은 골프장 운영 이권의 노른자위로 불린
다. 대당 1,000만 원이 넘는 카트 사용료는 보통 1라운드당 8만 원
이다. 내구 연한이 5~7년이지만 대개 6개월만 운영해도 투자금

이 회수된다는 게 업계의 분석이다. 드림파크골프장에는 카트 150대가 필요하다. 따라서 하루 예상 수입이 1,200만 원, 연간 수입은 36억 원에 이른다. 매립지공사의 전직 간부는 "공사 단계에서부터 매립지공사에는 운영권 관련 민원이 쇄도했다"며 "정치권은 물론 전직 관료, 매립지 주변 주민, 골프 사업자 등 수십 곳에서 운영권을 넘겨달라는 청탁이 왔다"고 말했다. 한 업체에서는 "카트를 포함해 골프장을 무료로 운영해 주겠다"고 제의했다고 한다.

지난해 가을 국정감사가 열리자 환경부는 골프장 개장 지연에 따른 책임 소재로 코너에 몰렸다. 환경부는 주민들과 협의해 골프장 운영방식을 결정하되 운영 수익은 전액 주민 지원 사업에 사용한다는 내용의 상생협약을 맺었다. 이때부터 주민협의체는 환경부의 우군이 됐다.

난지도 골프장처럼 공사비만 날릴 가능성

상생협약 이후에도 골프장 개장은 계속 표류했다. 자회사 운영을 고수하던 조춘구 매립지공사 사장은 지난해 12월 대통령 선거가 끝나자마자 경질됐다. 그 이후 4개월째 공석 상태다. 민간 위탁을 추진했던 환경부 간부들도 정부 교체와 함께 퇴진했다. 그러는 사이 골프장 개장 문제는 아무런 진척 없이 하루 1억 원 가까운 유지비용만 까먹고 있는 상태다.

환경부 홍정섭 폐자원에너지과장은 "골프장 개장 문제는 주민들과 공사 간의 상생협의회에 맡긴 상태"라며 "개장 시기에 대해 환경부로서는 아무런 계획이 없다"고 밝혔다.

이 상태로 가다간 공사비만 고스란히 날린 서울 난지도 골프장의 전철을 밟는 게 아니냐는 우려가 나오고 있다. 국민체육진흥공단은 2001년 서울시와의 협약에 따라 난지도에 퍼블릭 골프장을 만들었지만 주민 반대에 막혀 개장도 못한 채 골프장 시설을 모두 철거하고 다시 공원으로 만든 바 있다.

서천범 한국레저산업 연구소장은 "막대한 예산 낭비와 심각한 갈등이 빚어졌는데도 책임을 질 사람이 없는 것이 더 문제"라고 지적했다. 그는 "환경부와 매립지공사, 인천시와 주민 등 4색의 이해관계가 뒤엉켜 배가 산으로 갈 지경"이라며 "정부가 나서 교통정리를 하는 수밖에 달리 방법이 없다"고 말했다.

경북 최대 굿잔치
영일만 풍어제 역사 속으로

[중앙일보] 입력 2002. 02. 22 21:47

"갈 때는 가더라도 간다는 말 하지 마소. 이 골목 저 골목의 할배
귀신들이 심란하다."

경북 포항시 흥해읍 용한2동. 이 동네는 포항시내에서 해안을 따
라 30리 북쪽에 위치한 전형적인 어촌마을이다. 동해안 별신굿으
로 유명한 이 마을은 소한리라는 옛 지명으로 더 잘 알려져 있다.

지난 15일 오전 10시부터 마을앞 모래사장에 굿청이 세워지고
동네 풍어제가 시작됐다. 4년마다 열리는 소한리 풍어제는 굿판의
규모에서 경북지방에서 가장 큰 소문난 잔치마당이다.

15~20명의 무당들이 몰려들어 16일 오후까지 30여 시간 계속된
이 굿을 보러 멀리서까지 구경꾼들이 몰려 모래사장에는 마치 장
이 선 듯 했다. 특히 이번 풍어제에는 사람이 많이 몰려 풍어제추진
위원회측은 굿청을 늘리느라 곤욕을 치뤘다. 5백 년 가까이 이어져

봄이 되면 경북 영일만 바다의 물빛은 남빛으로 되살아난다. 그 물결 너머로 무녀(巫女)의 낭낭한 사설이 퍼져 나간다.

내려온 소한리 풍어제가 막을 내리는 고별 굿판이기 때문이다.

굿이 벌어지는 도중에도 마을 앞 먼 바다에서는 수십 대의 해상 크레인이 영일신항만 공사를 벌이고 있었다. 몇 해만 있으면 이 마을은 컨테이너 부두로 변하고 만선滿船을 기원하는 풍어제도 찾아볼 수 없게 된다. 올해 풍어제를 준비하면서 마을 주민들은 한때 논란을 벌였다. 어업보상까지 끝나 고기잡이도 하지 않는 마당에 '왠 풍어제'냐는 반론이 강하게 제기된 것이다. 그러나 주민들은 이번 풍어제를 '마을 역사를 마감하는 잔치'로 더욱 크고 걸판지게 벌이기로 뜻을 모았다.

추진위원장인 정창영(65) 씨는 "포항, 울산, 부산 등지로 나가 사는 출향민들에게도 '마지막 풍어제 날 한자리에 모여 마을 당신堂神에게 인사도 하고 서로 얼굴이나 한번 보자'며 일일이 안내장을 보냈다"고 말했다.

마을 공동어장에 대한 보상금 배분을 놓고 주민들끼리 패가 갈려 송사까지 벌였던 다툼의 앙금을 씻자는 의미도 있었다. 이 때문인지 이날 저녁 바닷가에 5백여 명의 인파가 몰렸고 음식값만 5백만 원이 더 들어갔다.

해가 기울 무렵부터 모래사장과 방파제 곳곳에 주민들이 둘러앉아 소주잔을 나누는 풍경이 자연스럽게 벌어졌다. "이 사람아 우째 이리 보기가 어렵나" "형님 사업은 어떠하십니까" "어르신은 어디로 가서 살 생각입니까" 등등.

이 마을 포항향우회는 4월 월례회를 아예 굿청 옆의 포장 안에서 가졌다. 선배·후배, 아재비·조카 간에 연락처를 주고받는 모습도 여기저기 눈에 띄었다. 포항향우회 월례회에 참석한 김원식(47) 씨는 "밸손(별신굿의 이 곳 사투리)에 얽힌 옛날얘기들을 이어가다 보니 서운함이 더했다"고 말했다.

자정이 가까워질 무렵 마을부녀회는 굿을 주관하는 무당에게 청을 넣어 즉석 놀이굿을 벌였다. 주민·출향민 가리지 않고 다투어 노래를 한 가락씩 뽑아 노소동락老少同樂의 대동제가 벌어졌다. 주술보다는 연희성이 짙은 동해안 별신굿은 이처럼 주민들을 한 데 묶어준다.

한평생 고깃배를 타 온 정석영(72) 씨는 "돛단배로 고기를 잡던

60년대까지만 해도 2년마다 한 번씩 동네 굿을 벌였다"고 회상했다. 배 한척이 통째로 폭풍우에 휩쓸리면 한날한시에 제사를 지내야 하는 집이 여럿 생겨나던 마을이었다.

수백 년 생명을 건 고기잡이로 삶을 이어 온 이 마을에서 용왕신이며 조상신, 거리귀신, 골목할배 귀신 등은 크나 큰 의지가 돼왔다. 그러나 폭풍우에 대한 두려움이 거의 사라진 올해 풍어제에서는 무녀들이 주민들의 감회를 읽은 듯 사설을 고쳐 불러 제꼈다. "정씨 터전, 배씨 자손 등등 모두 어디를 가더라도 자자손손 복을 받고 번창하소."

– 영일=정기환 기자

부산에서부터 강원도 고성에 이르는 동해안의 어민들이 풍어와 바다에서의 안전을 기원하며 벌이는 축제 형식의 굿이다. 강신降神 무당이 아닌 세습무당들이 어려서부터 연마한 노래, 춤, 연주, 사설 등의 기예를 바탕으로 벌여 주술呪術적 의미보다는 연희적 성격이 짙다. 특히 꽃노래, 뱃노래, 등노래 등의 굿거리에서는 부락민과 인근 주민들이 함께 참여하는 개방적 형식으로 진행된다.

1985년 중요무형문화제 82-가호로 지정됐으며 김석출(金石出, 79)씨가 기능보유자다. 金씨의 조부부터 자녀까지 4대째 동해안 별신굿의 세습무가를 이루고 있다. 金씨는 "해방전에는 청진, 북청까지 다녔다"면서 "동해안 전역의 어촌부락에서 2, 3, 5, 7, 10년의 주기로 같은 형식의 무속축제가 있었다"고 말한다.

별신굿을 벌여야 하는 해가 돌아오면 주민들은 회의를 통해 날을 받고 제관을 뽑은 뒤 비용을 갹출한다.제관에 뽑힌 사람은 굿이 시작되는 날까지 부정을 피하기 위해 거의 두문불출하며 정성을 기울인다. 굿거리는 30여 종류가 있으나 청좌굿과 당맞이굿, 세존굿, 조상굿, 지신굿, 성주굿, 용왕굿, 꽃노래, 등노래, 뱃노래 등의 굿거리가 일반적이고 유명하다.

일반에게 보편적으로 불리는 풍어제라는 이름은 일제시대 때 생겨났다. 김석출 씨는 "일제말기 꽹과리까지 전쟁물자로 공출토록 하고 무속행사를 전면금지했을 때 왜경의 단속을 피하기 위해 '고기를 더 많이 잡아 전쟁에 협력하겠다'는 뜻으로 지어낸 명칭"이라고 말했다.

– 정기환 기자

2000년부터 2004년까지 대구에서 4년여를 근무했다. 고교 졸업 이후 25년 만에 돌아온 것이다. 혼자만의 객지 생활은 불편이 많았다. 서울을 벗어난 여유와 푸근함도 누린 시기였다. 포항에 계신 부모님을 더 자주 찾아뵐 수도 있었다.

이 기사는 내 고향 마을의 이야기를 다룬 것이다. 기자로서 처음이자 마지막이었다.

어릴 적 고향의 풍어제는 5년 주기의 마을축제였다. 고기잡이배들은 황포 돛배였다. 황토로 염색한 것이 황포돛이다. 배가 잠기도록 만선滿船을 이루면 마을 뒷산까지 생선 건조장이 됐다. 거센 풍랑을 만나 다시는 돌아오지 못하는 배들도 있었다. 같은 날 제사를 지내는 집들이 생겨나는 것이다.

풍어와 안전을 기원하는 굿이 '베신(별신굿)'이다. 1박 2일간의 굿이 벌어지면 바닷가는 일시에 장이 선 듯하다. 이웃 마을들에서도 굿을 보러 몰려온다. 엿장수 떡장수 등도 전을 편다.

굿은 해가 넘어갈 무렵 시작된다. 어부들과 무당을 태운 어선이 만장을 가득 꽂고 바다로 나간다. 먼저 용왕신께 제사를 지내는 것이다. 굿거리장단이 밤이 새도록 울려 퍼진다. 이튿날 굿이 파할 때는 마을 사람들 모두가 참여해 덩실 덩실 춤을 춘다. 그야말로 대동제다.

4백~5백년의 마을 역사와 함께 해온 축제다. 그러나 2002년 봄 이 마을 마지막 풍어제가 열렸다. 마을 앞바다가 거대한 영일만 신항이 들어서다. 더 이상 어촌이 아니게 된 것이다.

사진 속 마을 어르신들의 춤사위가 그립다. 이미 돌아가신 분들도 보인다. 바람이며 구름같은 인생이라는 말이 실감난다.

나는 그날 대구에서 트럭을 한 대 빌어 타고 갔다. 가는 김에 새로 지은 고향집 앞마당에 나무를 심기 위해서였다. 벚나무 3그루, 은행나무 3그루, 이팝나무 3그루였다. 시간에 쫓겨 마당에 부려놓기만 했다. 아버지는 힘에 부치실 텐데도 그 큰 나무들을 마당을 빙 둘러 심으셨다.

10년이 더 지난 지금, 그 나무들은 울울창창하다. 봄이면 벚꽃잔치를 할만하다. 초여름이면 새하얀 이팝꽃이 휘날린다. 가을이면 노란 은행잎이 고향집을 뒤덮는다. 나에게 고향 바다는 말로는 다 할 수 없는 그 이상의 무엇이었다.

[중앙일보] 입력 2002. 05. 09 18:53 / 수정 2002. 05. 10 08:21

[네이션와이드] 단신 지방근무 직장인들

어린이날 다음날인 지난 6일 아침 김포공항. 1백여 명의 넥타이 차림 승객이 포항. 울산. 여수 등으로 향하는 국내선 첫 비행기를 타러 몰려들었다. 대부분 서류가방 또는 양복 케이스 등을 들고 있었으며 골프채를 든 사람도 더러 눈에 띄었다.

이날 오전 6시에 서울역을 출발하는 부산행 첫 새마을호 열차 자유이용권 승객 전용칸(5호차)은 월요일 아침이면 40~50대 넥타이 부대들이 새벽에 일어나는 바람에 설친 잠을 자느라 한밤중이다.

이른바 '울총(울산 총각)' '포총(포항 총각)' 등으로 불리는 단신 지방 근무자들의 새로운 한 주가 시작되는 시간이다. 같은 의미의 '구총(구미)' '여총(여수)' '광총(광양)' '대총(대산)'도 있다.

지방도시가 산업단지로 성장하면서 본격 등장한 이들 총각 아닌 총각들은 서울과 지방을 오가는 분주함 속에서도 나름대로 독특한 삶의 풍속도를 그려가고 있다.

'총'들의 직업은 다양하다. 서울 본사에서 지방 공장으로 내려온 대기업 임직원, 중앙행정기관·투자기관의 지방관서장, 은행·증권맨, 대학 교수, 건설 현장에 상주하는 본사 직원 등…. 산업화 초기인 1960년대 말부터 등장한 울총·포총이 원조격이다. 포항공대의 한 보직교수는 "혼자 내려온 지 11년 된 '포총'이지만 포항 지역에서는 명함도 못 내미는 애송이"라고 했다.

홀로살이의 첫째 이유는 자녀교육 문제다.

"거주 이전의 자유는 헌법에만 존재할 뿐 사실은 없는 것이나 마찬가지입니다." 7년째 대구지하철 2호선 공사에 종사하고 있는 김주수(55) 현대건설 현장소장의 얘기다. 80년대 말 대구에서 근무하다 서울로 옮겼을 때 중학교에 들어간 아이들이 집 근처 학교에 배정받는 데 몇 달씩 걸렸다고 한다.

구미 삼성전자의 송문국(44) 부장은 자녀들이 중학교 1학년, 초등 3학년이지만 함부로 솔가率家해 올 생각을 않는다. "왕따니 학교폭력이니 하는 얘기를 들을 땐 괜히 잘 있는 애들 어렵게 할까 봐서"라고 한다.

대부분 사택이 마련돼 있어 주거생활에는 큰 불편이 없다. 포항

지난 6일 오전 구미역(위)과 울산공항(아래)에 도착한 직장인들이 짐꾸러미를 들고 역과 공항을 빠져나오고 있다. [구미=조문규, 울산=송봉근 기자]

제철은 30여 명의 단신 부임 간부들을 위해 독신자 아파트를 내주고 있고 구미 삼성전자는 황상동에 아파트 몇 채를 전세 내 사택으로 쓰고 있다.(중략)

새로 그리는 삶

해가 저물 때면 집 생각도 나지만 지방에서의 홀로살이가 중년의 삶에 새로운 활력을 주기도 한다. 우선 서울에서의 번잡한 일상과 출퇴근의 고역에서 해방되기 때문이다.

박양우 대구·경북중기청장은 서울에 가지 않는 주말이면 영남지역의 사찰 탐방을 떠난다. "지방에 온 뒤 오페라, 뮤지컬 등도 여러 차례 감상했다"는 그는 "지방을 제대로 이해하게 된 것도 소득"

이라고 말했다.

　발령받았을 때는 내키지 않았다가도 막상 와서는 좀 더 있으려는 사람들도 있다. 한 정부투자기관의 대구사무소장은 지방 근무를 연장하기 위해 올해 초 지방대학의 박사과정에 등록하고 이를 서울 본사에 통보하기도 했다. 지난해 말 퇴임한 이병곤(58) 전 부산경찰청장은 "다시 서울로 돌아가고 싶지 않다"며 부인을 내려오게 해 아예 부산 사람이 됐다. 늘어난 여유시간을 자기 계발에 투자하는 지방 총각도 많다. 정연한 경북도교육청 부교육감은 매일 아침 대구 신천변을 따라 5㎞ 가량 조깅을 한다.

　한 '울총'은 "요즘 새로운 마라톤 연습장으로 떠오른 문수경기장에 가면 비지땀을 흘리는 울총들을 자주 만난다"고 했다. 포항공대의 한 교수는 "가급적 저녁 늦게까지 실험실에서 학생들과 지낸다"며 "풀어지기 쉬운 저녁시간에 일부러 자기를 가둬두려는 노력을 기울인다"고 했다.

　"마누라 잔소리에서 해방돼 좋다"는 사람도 적지 않지만 서울의 가족들은 늘 걱정된다. e-메일은 떨어진 자녀들과의 대화를 위해 지방 총각들에게 매우 유용하다.

– 정기환·홍권삼 기자

　혼자 대구서 근무할 때 주말이면 기차를 탔다. 월요일 아침, 와이셔츠가 든 옷가방을 들고 열차에 오른다. 나와 같은 처지의 사람들이 벌써 잠을 청하고 있다. 이들은 대전, 구미를 지나며 차례로 내린다. 동대구역에서 내릴 때는 기차에서 낯을 익힌 사람들도 보인다.

자신의 얘기를 쓴 기사다. 단신 부임자들은 스스로 '대총(대구총각)'이라고 불렀다. 기관장들이나 기업, 은행 지점장들이 많다. 나중에는 '대총' 모임을 갖기도 했다. 지금도 지방 도시들의 골목길에는 단신 부임 '총각'들이 밤길을 터덕터덕 걷고 있을 것이다.

대구는 여러모로 특색 있는 고장이다. 우리 현대사 40여 년의 권력을 창출한 곳이다. 그 바탕에 지역적 특성도 작용하지 않았나 싶다. 대구의 정서는 한마디로 직정直情적이다. 주변을 의식해 에둘러 말하지 않는다. 아주 덥고 아주 추운 고장이다. 음식은 맵고 짜고 목소리들도 크다. 서울 사람의 시각에서는 일상적인 대화도 싸움이나 시비로 들릴 것이다.

대구사람들은 말솜씨가 좀 부족한 편이다. 다음 얘기는 실화다. 어떤 이가 친구 부친상 문상을 갔다. 서울에 있는 친구가 먼저 와 있었다. 서울 친구가 문상을 마치고 상주와 맞절을 나눴다. "얼마나 애통하십니까. 어쩌다 이렇게 갑작스럽게…"라고 정중히 위로의 말을 전했다.

이를 지켜보던 대구 친구는 '나도 위로의 말을 해야지'라고 마음먹었다(대구사람들은 장황한 위로 인사를 거의 하지 않는다. 고개를 끄덕이거나 잡은 손을 툭툭 치고 만다). 대구 친구가 상주와 맞절을 한 뒤 꺼낸 위로의 말씀. "아이 우찌다가 이리 직접 돌아가싯습니까"

'갑작스럽게'라는 서울말이 따라 하면서 '직접'으로 바뀐 것이다.

"확 불 싸질러 뿌릴라"라는 상투어도 직정적인 성정의 표출이다. 말다툼 끝에 흔히 내뱉는 말이다. 진짜로 대구에서는 그간 '불 싸질러뿐' 사건들이 여럿 있었다. 대구지하철참사가 대표적이다.

1991년 16명이 사망한 나이트클럽 거성관 방화사건이 있었다. 추수를 마치고 김천에서 대구로 놀러 온 농부가 일으켰다. 나이트클럽에서 그의 옷 차림새만 보고 출입을 막은 것이다. 바로 휘발유통을 구해 들어와 무대에 불을 지른 사건이다.

정이 깊고 의리를 중시하는 점도 대구의 특성이다. 아직도 계(契. 대구말로는 계추)가 성해 '계추식당 골목'까지 있다. 동대구역 뒤 후미진 골목에 고만고만한 식당들이 몰려 있었다. 한적한 골목이다. 이 식당들은 계모임을 하기 좋도록 20~30명 규모의 방들을 갖추고 있다. 메뉴도 계추에 걸 맞는 것들이다. 단골 계모임들을 유치해 장사를 하는 식당들이다.

대구 사회는 계가 단위 조직이라는 말이 있을 정도다. 구의원에라도 출마하려면 계가 30~40개나 돼야 한다는 얘기도 있었다. 나도 4년 여 근무하는 동안 계가 4개나 됐다.

논현동 MB 사저 동네
'원룸 전쟁' 왜?

[중앙일보] 입력 2011. 11. 25 03:00 / 수정 2011. 11. 25 09:20

강남 고급 빌라촌 "유흥업소女 원룸서 살면…" 술렁
논현동 MB 사저 동네, 짓겠다 vs 안 된다 '원룸 전쟁'
이웃에 다세대주택 신축 싸고 충돌

서울 강남구 논현동 29번지 일대는 이명박 대통령이 퇴임 후 입주할 사저가 있는 강남의 고급 주택가다. 이 동네가 최근 때 아닌 '원룸전쟁'을 치르고 있다.

사연은 이렇다. 29번지 일대 약 6,611㎡(2,000평)에 달하는 지역(블록)엔 9채의 주택이 모여 있다. 이 대통령의 사저(29번지)를 비롯해 김용주 행남자기 회장, 장형진 영풍그룹 회장과 장남 세준 씨, 최수부 광동제약 회장, 고故 이정일 의원의 부인인 정영희 씨 등 강남에서 내로라하는 사람들이 살고 있다. 최근엔 이 대통령의 셋째 딸

지하 2층, 지상 4층 규모의 다세대주택이 들어설 서울 강남구 논현동 29-7번지 공사 현장. [김도훈 기자]

로 한국타이어 조현범 부사장의 부인인 이수연(36) 씨도 이 동네로 이사를 왔다는 게 주민들의 얘기다.

원룸전쟁은 지난달 11일 이곳 주민인 남홍건(55) 씨가 2층짜리 집(29-7번지)을 지상 4층, 19가구 규모의 다세대주택(도시형생활주택)으로 재건축하는 허가를 받으면서 시작됐다. 고급 주택가에 다세대주택이 들어선다는 소식에 주민들은 즉각 반발했다. 다세대주택이 들어오면 주민수가 늘어 주차난이 생기고 사생활을 침해받을 수 있다는 이유에서다. 동네는 크게 술렁이고 있다. 주민들은 "원룸엔 유흥업소 종사자들도 입주하기 때문에 동네가 망가질 것"이라는 입장이다. 다세대주택이 '기피시설'로 전락한 것이다.

주민 20명 명의로 구청에 제출된 '건축허가 관련 진정서'에 따르면 "원룸형 건물의 입주자들 때문에 심각한 피해를 입고 '통제 불가능한 엄청난 사람들'에 의해 사생활 침해가 이루어질 것"이라는 내용이 담겨 있다. 주민들은 층수를 낮추고 가구수를 5가구 이하로 할 것을 요구하고 있다. 하지만 남씨는 "사업성이 떨어진다"면서 거부 중이다.

이들은 강남구청의 주선으로 지난 8일부터 세 차례에 걸친 조정회의를 열었다. 2차 조정회의 때는 고성이 오고 간 끝에 구청이 파일 박기를 중단시키기도 했다. 결국 지난 21일 남씨는 "3층으로 건물을 낮추겠다"는 타협안을 내놓았다. 대신 29번지 일대 주민들이 재건축할 경우 3층 이하로 짓겠다는 내용의 각서를 써야 한다는 단서를 달았다.

이 제안이 수용될지는 미지수다. 건축 예정지의 옆집인 장형진 회장 측이 5가구 이하로 세대수를 줄이라는 요구를 고수하고 있기 때문이다. 강남구청은 난처한 입장에 빠졌다. 박효석 강남구 건축과장은 "이 지역은 4층까지 건물을 올릴 수 있지만 이웃 간에 의견차가 있으면 이를 조율하는 것이 구청의 역할"이라고 말했다.

- 정기환·전영선 기자

[중앙일보] 입력 2007. 01. 11 05:27 / 수정 2007. 01. 11 09:02

18년 전 약속 지켰다

이길여 가천재단 이사장 네쌍둥이 대학 학비 지원

가천문화재단 이길여 회장은 자신의 병원에서 18년 전 태어난 뒤 올해 대학에 입학하는 일란성 네쌍둥이 자매인 황슬(18), 설, 솔, 밀 양에게 대학 입학금과 1년간 등록금 등 장학금 2300여만원을 10일 전달했다. 이들 일란성 네 쌍둥이는 1989년 1월 11일 오후 9시 15분, 인천시 구월동 당시 중앙길병원(현 가천의과학대학교 길병원)에서 차례로 태어났다.

네쌍둥이가 태어날 확률은 70만 분의 1로 매우 희귀한 데다 분만예정일보다 3주일 앞서 산모의 진통이 시작되고 양수가 터지는 등 상황이 어려워져 산모 집 근처에서 가장 큰 병원이었던 길병원

을 찾은 것이다. 제왕절개수술로 쌍둥이는 건강하게 태어났고 산
모 이봉심(54) 씨도 건강을 회복하고 퇴원할 수 있었다. 당시 병원
장이었던 이길여 회장은 네쌍둥이의 건강한 출생을 축하하는 의
미에서 진료비 전액을 받지 않았으며 산모 이씨에게 "아이들이 대
학 갈 때 연락하면 도와주겠다"고 약속했다.

그러나 18년이 지나도록 이들에게 연락이 없었고, 이 회장 역시
잊고 지냈다. 지난해 9월 사진첩을 정리하다 네쌍둥이와 함께 찍
은 사진을 본 뒤 이들과의 약속을 떠올리고 연락처를 수소문해 이
날 만남이 이뤄졌다.

이들 가족은 경기도 용인에서 살고 있었으며 네쌍둥이 가운데
슬과 밀은 수원여대 간호학과에, 설과 솔은 강릉영동대 간호학과

에 수시합격해 4명 모두 간호학과 입학을 앞두고 있었다. 하지만 강원도에서 광부로 일하던 아버지 황영천(54) 씨가 건강 악화로 직장을 그만둔 뒤 생활보호대상자로 어렵게 생활해 대학진학은 포기하고 있는 상황이었다.

맏언니인 황슬 양은 "부모님이 자주 아프셔서 잘 돌봐드리기 위해 간호사가 되려고 했다"며 "훌륭한 간호사가 돼 가난하고 아픈 할머니, 할아버지들을 찾아다니며 돌봐 드리겠다"고 다짐했다. 이 회장은 "쌍둥이들이 열심히 공부하면 모두 길병원 간호사로 뽑겠다"고 말했다.

– 정기환 기자

인천세관 적발
밀수품으로 본 '욕망 변천사'

[중앙일보] 입력 2010. 06. 25 00:30 / 수정 2010. 06. 25 00:51

양복지 → 밥솥 → 짝퉁명품·여우 생식기…

인천본부세관 직원들이 24일 중국에서 밀반입하다 적발된 북극여우 암컷의 생식기를 정리하고 있다. 북극여우는 멸종 위기에 처한 동물이다. [연합뉴스]

24일 인천시 중구 항동의 인천세관 압수품 창고구역. 한 창고에 유럽 유명 브랜드를 흉내 낸 중국산 짝퉁 핸드백과 의류·구두가 넘쳐났다. 또 다른 창고는 뱀·녹용·웅담 등의 보신식품과 비아그라 등 가짜 발기부전제로 가득했다. 창고 바닥에는 이날 처음 공개된 암여우의 생식기들이 널려 있었다.

인천세관은 이날 북극여우 암컷의 생식기 4,900여 개를 몰래 들여

온 혐의로 수입업자 심 모(57) 씨를 불구속 입건했다고 밝혔다. 심 씨는 17일 중국 웨이하이威海를 출항한 컨테이너선 편으로 생식기를 도자기 상자 등에 숨겨 밀수입한 혐의를 받고 있다.

경기도 안산에서 불교용품점을 운영하는 심 씨는 여우 생식기를 수입해 점집이나 인터넷 쇼핑몰 등에 개당 5만 원씩에 공급해 온 것으로 알려졌다. 서울의 점집이나 인터넷 쇼핑몰에서는 이를 40만~50만 원에 판매하고 있다.

암여우 생식기가 인기를 끄는 것은 여성들이 이것을 지니고 있으면 바람난 남편이 돌아오고, 노처녀는 시집을 가게 된다는 속설 때문이다. 요즘은 룸살롱 등 유흥업소 여종업원들에게 손님이 많이 꾄다는 이야기까지 더해졌다. 박경리의 소설 『토지』에는 하녀인 귀녀가 지리산 강 포수에게 암여우 생식기를 구해달라고 부탁하는 장면이 나온다. 최참판댁 당주인 최치수의 아이를 낳아 팔자를 고치겠다는 욕심에서다.

심 씨는 수입한 여우 생식기를 부적과 돌복숭아 나무조각, 오색실과 함께 세트로 만들어 팔았다. '돌복숭아 나무에 남자의 이름을 적어 생식기와 함께 베개 속이나 장롱에 넣어두고 부적만 지니고 다녀라'라는 처방전도 넣었다.

인천세관에 압수되는 밀수품은 시대에 따라 변해 왔다. 1960년대까지는 홍콩 등에서 들어오는 양복지 · 비로드 · 뉴동 등의 섬유제품이 많았다. 산업화 이후에는 밥솥 등 일제 전자제품과 보석류

가 주를 이뤘다. 그러나 최근에는 짝퉁 의류와 보신식품·발기부
전제 등이 절반 이상을 차지한다.

3월에는 가짜 비아그라 120만 정이 한꺼번에 적발됐으며 지난해
는 커피믹스형 가짜 발기부전제까지 등장했다. 인천세관 문미호
담당관은 "밀수품목도 선진국형으로 바뀌었다"며 "좀 지나면 마
약이나 총기류가 판을 칠 것"이라고 말했다.

– 인천=정기환 기자

[중앙일보] 입력 2009. 04. 01 02:36 / 수정 2009. 04. 04 21:55

[Walkholic] 유모차도 출퇴근도 … 바이크토피아

자전거 선진 도시를 가다(상) 코펜하겐

전용 길 400㎞ … 교통분담률 36%

자전거 고속도 '그린 웨이브' 통해

3만 5,000여 대 논스톱으로 출퇴근

유럽에선 지금 '자전거 혁명'이 진행 중이다. 자전거는 자동차를 보완하는 2차 교통수단이 아니라 도로의 주역이 되고 있다. 한 세기 넘게 자동차에 짓눌린 교통문화에서 탈피하고 있는 것이다. 유럽 시민들은 환경·건강·비용이란 1석3조의 이점과 함께 '자동차로 인해 잃어버린 자아'의 회복을 주장하며 자전거를 치켜세운다. 인천시는 구·군 자전거 담당, 시의회 의원, 전문기관 연구원을 포함한 20여 명의 '자전거 신사유람단'을 지난달 14~22일 유럽에 파

218

코펜하겐 시내에서 자주 볼 수 있는 자전거 유모차. 아이를 태우는 요람에 2개의 바퀴를 단 세발자전거 형태다.

견했다. 본지는 이들과 함께 덴마크 코펜하겐, 오스트리아 빈, 독일 뮌헨·프랑크푸르트, 프랑스 파리를 들러 자전거를 직접 타며 자전거 인프라를 체험했다. 3회에 걸쳐 선진 자전거 문화를 소개한다.

지난달 20일 덴마크 코펜하겐 국제공항에서 코펜하겐 시내에 들어서자 특이한 모양의 '자전거 유모차'가 눈길을 끌었다. 아이의 요람에 달린 2개의 작은 바퀴와 1개의 큰 바퀴로 된 세발자전거다. 주부 조피아(36)는 "유모차와 자전거를 결합한 작품"이라며 "아이들은 젖병을 빨 때부터 자전거와 친숙해진다"고 소개했다.

인구 525만 명의 덴마크는 자전거가 사람보다 많은 나라다. 현지 교민 공숙영(37, 여) 씨는 "우리 집은 네 식구인데 자전거는 일곱 대"라며 "코펜하겐 시민 대부분은 출퇴근용과 주말 레저용 자전거

코펜하겐의 명품 자전거길인 그린 웨이브를 통해 시민들이 자전거로 출근하는 모습. 폭 3~4m의 그린 웨이브에서는 교통신호가 자전거 속도(시속 20㎞ 기준)에 연동돼 있어 멈추지 않고 달릴 수 있다. [코펜하겐시 제공]

를 따로 갖고 있다"고 설명했다.

특히 수도 코펜하겐은 자전거 천국이다. 출퇴근 시의 자전거 교통분담률이 36%에 이른다. 공공 자전거 '벨리브'로 이름난 파리도 5%에 불과하며, 우리는 아직 1% 미만이다.

전철역 주변은 물론 역사 지붕은 시민들이 주차해 놓은 자전거로 뒤덮여 있다. 택배도 자전거를 이용한다. 연두색 헬맷과 유니폼의 자전거족은 서류 등 가벼운 소화물을 배달하는 택배회사 직원이다. 퇴근 시간이 되면 정장 또는 스커트 차림의 자전거족이 길을 메운다. 얼핏 보아 자동차들이 어딘가로 숨어버린 듯한 풍경이다. 코펜하겐 중앙역에서 자전거를 빌려 2㎞를 달려봤다. 좁은 곳에서도 자전거길의 폭은 2m나 돼 마음 놓고 달릴 수 있었다. 횡단보도에는 자전거용 신호등이 따로 있어 사고 위험이 크지 않았다.(중략)

자전거 교육도 철저하다. 도심 공원에선 봄부터 가을까지 '자전거 학교'가 열린다. 자전거 타기·법규 등 60시간을 이수해야 수료증이 나온다. 티볼리 공원 근처의 자전거학교에서 아랍계 이민자들에게 자전거 타기를 가르치던 페닐라 포그(여)는 "이민자에게는 수료증이 취업에 반드시 필요하다"고 말했다. 차 값의 180%를 자동차 등록세로 부과하는 덴마크에서 자동차는 더 이상 도로의 주인이 아니었다.

– 코펜하겐=정기환 기자

2009년 3월 인천시와 함께 유럽 자전거 선진도시 취재를 갔다. '자전거 신사유람단'이었다. 2000년대 들어 걷기와 자전거 바람이 불었다. 중앙일보가 그 앞장을 섰다. 인천시도 시내 전역을 자전거길로 연결하려 했다. 송도국제도시는 '자전거 교통 1번지'로 만들 계획이었다.

비엔나에서부터 취재가 시작됐다. '부자는 자전거를 타고 가난한 사람들이 차를 몬다'고 했다.

뮌헨–프랑크푸르트–코펜하겐을 거쳐 파리까지 이어졌다. 라인 강변에는 700㎞의 자전거길이 나 있었다. 자전거족 호텔도 있었다.

이 해 10월에는 인천대교에서 '바다 위 자전거 대행진'을 열었다. 기자 생활 중 기획한 가장 큰 이벤트였다.

자전거 5,000대 인천대교 질주

[중앙일보] 입력 2009. 10. 19 01:55 / 수정 2009. 11. 12 16:06

육·해·공 3중 안전막 '무사고 축제'
해경 헬기·고속구조정도 출동

행사 시작 한 시간여를 남겨놓은 18일 오전 7시부터 인천대교 연수분기점에는 '두바퀴 족族'들이 속속 모였다. 치어리더들과 함께 경쾌한 음악에 맞춰 몸풀기 체조를 하면서 행사는 시작됐다. 오전 8시 20분 폭죽과 함께 참가자들은 힘차게 페달을 밟았다.

행사는 안전을 고려해 편도 3개 차로 중 2개 차로만 개방됐다. 자전거 사랑 인천본부, 인천 두바퀴 등 인천지역 자전거 동호회 소속의 자원봉사자 1,000여 명은 3차로에서 달리며 안전 도우미 역할을 했다. 인천 소방본부 119 자전거 봉사단 40여 명도 행사 차량과 함께 3차로를 통제하며 2중 안전막 역할을 했다.

18일 오전 인천대교 연수분기점에서 출발한 5,000여 대의 자전거 행렬이 주탑 아래를 지나 영종도 방향 내리막길까지 길게 이어져 장관을 이루고 있다. [인천해양경찰서 헬기=최승식 기자]

참가자들도 대열을 준수했다. 주최 측은 주행 중 사진 촬영 금지, 휴대전화 사용 금지, 안전요원 추월 금지 등 안전 수칙을 사전에 공지했다. 간혹 대열을 이탈해 난간에서 사진을 찍거나 휴식을 취하는 참가자들도 있었으나 진행요원들의 지시에 따라 이내 대열로 복귀했다. 대교 위에는 참가자 통제선임을 알리는 라바콘(붉은 원뿔)만 4,000여 개가 놓였다.

대열의 맨 앞에서는 인천지방경찰청 소속 사이드카 3대가 선도했다. 상공에는 인천 해양경찰서의 헬기 1대가 선회 비행하며 응급 상황에 대비했다. 해상에선 3,000t급 경비함, 고속구조정 등 배 9척이 만일의 사태에 대비했다.

카지노 유치에 인천 미래 걸었다

[중앙일보] 입력 2013. 04. 12 01:30 / 수정 2013. 04. 12 01:32

카지노 비판하던 운동권 출신 송영길 시장의 변신

이달 4일 송영길 인천시장 방에 한 외국 기업인이 방문했다. 미국 시저스 엔터테인먼트사의 스티브 타이트 사장(국제개발 담당)이 영종도에 외국인 전용 카지노를 짓는 문제를 논의하기 위해 찾아온 것이다.

취임하자마자 영종도 투자유치 올인

미국 등 7개국에서 53개의 카지노 리조트를 운영하는 시저스는 중국계 자본인 리포그룹과 손잡고 지난 1월 말 영종도에 카지노 사업을 위한 사전심사를 신청해 둔 상태다. 하지만 문화체육관광부의 심사가 시작되면서 국내외 언론에 '특혜설' 또는 '먹튀설' 등이 거론되는 등 심상치 않은 분위기가 감지되자 급거 송 시장에게

인천 경제자유구역 영종지구 미단시티에 들어설 10만㎡ 규모의 카지노 부지. 부지 뒤로 바다와 신도섬이 보인다. [김상선 기자]

SOS를 요청한 것이다. 2년 가까이 영종도 카지노 투자 유치에 공을 들이고 있는 송 시장은 곧바로 청와대로 전화를 걸었다. 그는 모철민 교육문화수석에게 "영종도의 시저스 프로젝트가 좌절되면 우리 젊은이 5,500개의 일자리가 날아간다"며 도움을 요청했다.

송 시장은 대표적인 486 운동권 출신 정치인이다. 고교 때 광주 민주화항쟁을 목도한 그는 그 시절 많은 젊은이들이 그랬듯 레닌의 『시토젤라치(무엇을 할 것인가)』나 『러시아 혁명사』를 읽으며 혁명을 꿈꾸었다. 대학 졸업 후에는 노동 현장에 위장 취업하기 위해 중장비 면허를 따기도 했다. 1991년 모스크바에서 마르크스와 레닌의 동상이 무너져 내린 현장을 본 뒤 사법시험에 도전한 것도 노동자들의 보다 실질적인 권익을 지켜내기 위해서였다.

그런 그가 지금은 마카오나 라스베이거스 버금가는 대규모 카지노 리조트를 인천에 짓겠다고 나섰다. 과거 운동권 시절이라면 '자본주의의 독버섯'이라며 맹공격을 퍼부었을 카지노를 유치하기 위해 머리띠 둘러매고 앞장을 선 형국이다. 송 시장은 2010년 7월 취임 직후부터 미국·일본·러시아·중동 등으로 투자 유치 출장을 다녔다. 세계 카지노 업계의 거물들과도 서슴없이 어깨동무를 했다. 투자자들과 조금이라도 친해지고자 아랍어에 러시아어까지 외국어 공부도 했다.

특혜설 돌자 "일자리 5,500개 걸렸다"

송 시장은 "인천에 카지노를 유치하는 것이야말로 실사구시實事求是의 자세 아니냐"며 "280만 인천시민의 살림을 맡은 행정가로서 돈을 끌어들이고 일자리를 만드는 건 당연한 임무"라고 말했다.

그간 살아온 이력에 비춰 볼 때 카지노 유치를 결심하기까지 마음의 갈등이 없었느냐는 질문에 대한 대답이다. 그러면서 영종도야말로 카지노 리조트로서의 경쟁력을 갖춘 곳이란 설명도 빠뜨리지 않았다. 한 해 4,000만 명이 이용하는 인천공항의 트랜짓 승객만도 연간 680만 명에 이르고, 상하이 이북의 중국 대도시들과 비행거리가 모두 2시간 이내라는 것이다.

국내 업계 "허가 내주지 말라" 반발

실제 일본의 한 카지노 업체가 지난해 베이징에서 시장조사를 한 결과 응답자의 65%가 "영종도에 카지노가 있으면 마카오보다

226

는 인천으로 가겠다”고 답변했다. ‘도덕국가’라 불리던 싱가포르도 2010년 마리나 베이와 센토사 섬에 카지노 리조트를 열어 단숨에 관광대국으로 성장했는데 인천이라고 카지노와 담을 쌓아야 할 이유가 뭐 있느냐는 게 ‘송영길식 실사구시’론이다.

걸림돌이던 카지노 사업에 대한 규제도 지난해 9월부터 완화됐다. 경제자유구역 내 외국인 전용 카지노 사업의 경우 ‘외화직접투자FDI 5,000만 달러’ 등의 요건을 갖추면 사전심사를 통해 본허가 이전에 사업 추진 권한을 부여하는 내용이었다.

이에 따라 시저스-리포 합작사인 LOCZ와 일본의 유니버설엔터테인먼트 등 두 곳이 사전심사를 신청했다. 유니버설은 4조 5,000억 원을, LOCZ는 8만 9,000㎡에 2조 2,470억 원을 단계적으로 투자한다는 계획이다. 인천경제청은 이들 사업이 완료되면 5만 명의 직접고용 효과와 연간 3조 원 이상의 관광수입을 거둘 것으로 보고 있다.

하지만 모든 게 송 시장의 뜻대로 순탄하게 풀리고 있는 건 아니다. 기존 카지노 업계의 저지 움직임으로 이상 기류가 나타난 것이다. 기존 업계는 “처음에는 외국인 전용 카지노로 설립한다고 하지만 언젠가는 내국인의 출입도 허용하게 해 달라고 강력 요구해 올 것이 뻔한데 허가를 내 주면 안 된다”는 입장이다.

한국카지노협회는 최근 문화체육관광부에 외국 업체의 투자에 반대하는 내용의 의견서를 제출했다. 최근에는 이종철 인천경제청장이 미국 방문 때 카지노 투자업체로부터 수백만 원의 호텔비를 제공받았다는 음해성 소문까지 퍼져 이 청장이 영수증을 제시하며 해명하는 소동을 빚기도 했다.

문화부 "공정 심사" 외치지만 곤혹

허가권을 가진 문화부는 카지노 산업 확대에 대한 국민 정서와 기존 업계의 입장 등을 고려하지 않을 수 없는 입장에 있다. 문화부 정현욱 사무관은 "사전심사제를 재검토하고 보완해야 한다는 의견이 부내에서 나오고 있는 건 사실"이라며 "관련 규정과 여론을 고려해 공정하고 엄격하게 심사할 것"이라고 말했다.

이런 일이 겹치면서 문화부의 심사는 늦춰지고 있다. 그럴수록 송 시장은 속이 탄다. 그는 "중앙정부에 돈을 달라는 것도 아니고 외국 자본을 들여와 일자리를 만들려는 것인데 일이 쉽게 진행되지 않아 안타깝다"고 말했다.

– 인천=정기환 기자

여의도 7배 갯벌 위
상상력을 디자인하다

[중앙일보] 입력 2008. 05. 08 01:44 / 수정 2008. 10. 08 11:28

인천 송도신도시,
여의도 7배 갯벌 위에 상상력을 디자인하다
[신 국토포럼] 1부 - 지방이 국가경쟁력
2014년까지 24조 투자,
홍콩·푸둥 부럽지 않은 국제비즈니스 도시로

인천에서 건축사무소를 운영하는 한 모(49) 씨는 최근 필리핀에서 온 사업 파트너와 함께 송도를 찾았다. 필리핀 골프장 합작 개발을 추진 중인 파트너에게 신뢰감을 심어주기 위해 고심하다 송도국제도시 홍보관을 택한 것. 효과는 기대 이상이었다. 한씨는 "파트너가 부러움과 함께 시종 입을 다물지 못하더라"고 전했다.

송도가 속도를 내며 달려오고 있다. 경제자유구역 지정 5년여

인천경제자유구역 송도국제도시 내 국제업무단지의 전경. 총 573만㎡ 규모인 이 단지
는 2014년까지 24조원을 투자한다. 뒤쪽에 올라가고 있는 독특한 외관의 건물 4개 동
은 주상복합아파트. [인천경제자유구역청 제공]

만에 국제 비즈니스 도시의 면모를 갖춰가고 있다. 한때 지지부진
하던 외국 투자유치도 활기를 띠고 있다. 개발 도중인데도 외국인
65명을 포함, 하루 평균 600여 명의 국내외 방문객이 찾아오는 인
천의 명소가 됐다. 송도는 바다를 메워 건설하는 해상도시다. 처
음에는 분당 · 일산처럼 대단위 택지지구를 마련하기 위해 매립이
시작됐다. 2003년 '동북아 허브' 정책에 따른 경제자유구역으로 지
정되면서 국제 비즈니스 도시로 방향이 바뀌었다.

2020년까지 3단계 개발을 거쳐 홍콩이나 상하이 푸둥 같은 국제
비즈니스 도시를 일궈내려는 대역사大役事다. 여의도(8.4㎢ · 행정구역
상 면적) 7개 크기의 53.3㎢ 규모여서 한쪽에서는 건물이 올라가면

230

서도 다른 한쪽에선 바다를 메워 나가고 있다.

573만㎡에 이르는 1, 3공구의 국제업무단지 개발은 송도국제도시의 선도 프로젝트다. 미국 게일사와 포스코건설의 합작사인 송도국제도시개발유한회사NSIC가 2014년까지 24조원을 투자해 직주職住 근접의 자족형 국제도시를 건설 중이다.

맨 먼저 송도의 스카이라인을 형성한 64층의 주상복합아파트 4동은 외관부터 독특하다. 춤추는 모습의 댄싱타워, 토네이도 타워, 웨이브 타워 등으로 제각기 눈요깃거리를 제공한다.

7월 완공되는 국제학교를 시작으로 컨벤션센터(9월), 송도중앙공원(내년 6월), 잭 니클로스 골프장(2010년), 동북아무역센터(2010년 2월) 등 주요 사업이 1~2년 내로 잇따라 마무리된다. 특히 해상도시의 녹색 오아시스 역할을 하게 될 40만㎡의 중앙공원은 공사비만 1,600억 원이 투자되는 유럽풍의 명품 공원이다. 공원 안에 바닷물을 끌어들여 수상택시가 달리고 19~20세기 서양화 미술관, 생태수족관 등도 조성된다. 올 하반기에는 미국 코넬대 의과대학 부속병원인 NYP가 운영하는 600병상 규모의 송도국제병원도 착공된다.

국제업무단지 바깥의 6, 8공구에서는 다음달 중 세계 제2의 초고층인 인천타워(151층 쌍둥이 빌딩)가 포트먼 컨소시엄의 투자(3조원)로 착공된다. 송도와 영종도를 연결하는 해상 교량인 인천대교(21.3㎞)는 영국 아멕사가 1조 6,000억 원을 투자해 건설하고 있다.

이헌석 인천경제자유구역청장은 "세계적 인재들의 집합체인 다국적 기업들을 끌어들이기 위해서는 그들 눈높이에 맞는 생활환경이 필수적"이라며 "투자비를 아끼지 않고 최상의 명품 건축물들을 짓는 이유도 그 때문"이라고 말했다.

각종 연구소도 유치

국제업무단지가 송도의 다운타운이라면 5, 7공구의 국제화 복합단지, 바이오메디컬 허브, 첨단 산업단지 등은 산·학·연 일체의 고부가 지식산업 클러스터다. 다음달 착공되는 연세대 국제 캠퍼스 단지에서는 연세대 외에도 UC버클리대·노스캐롤라이나 주립대 등이 아시아권 인재들을 양성하게 된다.

미국의 유명한 암센터인 텍사스대 MD앤더슨도 연세대와 공동 연구소 건립을 추진하고 있다. 미국 펜실베이니아대는 지놈(유전체) 공동연구소 설립을 위한 투자 의향서를 보내 왔으며, 일본 게이오慶應대도 국제화 복합단지에 교육·연구기관 건립을 추진하고 있다. 안상수 인천시장은 "세계적인 인재들이 송도로 몰려오고 또 송도에서 양성될 것"이라며 "송도가 한국뿐 아니라 아시아권의 '기러기아빠' 문제를 해결할 날도 멀지 않았다"고 말했다.

– 정기환 기자

남산 외인 아파트 헐고 과거청산

[중앙일보] 입력 1994. 11. 18.

[남산을되살리자] 1. 外人아파트 헐고 과거청산

20일 오후3시, 20여 년 동안 남산의 얼굴을 가로막았던 남산 외인아파트가 폭파굉음과 함께 사라지면서 남산의 과거청산이 막幕을 올린다. 아물 겨를도 없었던 식민지배의 생채기와 뒤이은 성장, 개발의 숨 가쁜 질주 속에서 스스로의 정체正體마저 잊어왔던 근대사 1백년의 아픈 과거들을 청산, 민족자존을 회복해 나가려는 신호탄이기도 한 것이다. 이 날 10여 초 만에 무너져 내리는 남산 외인아파트는 한말 이후 끊일 새 없었던 외세의 입김과 우리 자신의 무분별이 함께 빚어낸 남산훼손의 상징이었다.

외자도입과 수출위주의 경제개발에 몰두했던 당시 3공화국정부는 박정희朴正熙 대통령의 지시로 외국공관 및 외국상사주재원등을 위한 외인아파트 및 외인주택단지 부지로 서울의 심장부인 남

남산의 경관을 해쳤던 외인아파트가 1994년 11월 20일 오후 3시 발파 해체 공법으로 철거됐다.

산 중턱 5만여 평을 공원용지에서 베어냈다.

71년 완공된 16~17층의 거대한 이 고층아파트군은 남쪽능선을 완전히 뭉개고 앉아 남산의 경관을 망쳐 왔었다.

남산은 6백년 도성都城의 영욕을 간직해 온 서울시민의 풍류의 도장이었다. 풍류가 우리 고유의 도道이듯이 박토에 뿌리를 내리고도 의연한 송림이 울창한 남산은 가장 친근한 산으로 민족 삶의 애환을 함께 해왔다. 높이 2백 65m 90여만 평의 면적으로 그리 높지도 빼어나지도 않지만 세월과 함께 우리들 삶이 고스란히 담긴 산이다.

남산이 역사 속으로 들어오기는 북악北岳, 인왕仁旺, 낙산駱山과 함께 조선의 도읍지인 한양의 내사산內四山에 들면서부터. 태조2년에 이름이 인경산引慶山에서 남산南山으로 바뀌고 이후 목멱木覓 대왕을 모시는 산신제와 기우제를 지내기 시작했으며 성곽과 전국의 봉화가 모이는 봉수대 5개가 축조됐다. 태조6년에는 오늘의 서울을 있게 한 무학대사를 모시는 국사당國師堂이 동쪽기슭에 세워져 나라의 성산으로 정해지면서 어느 누구도 소나무며 돌. 흙의 채취는 물론 묘자리도 쓰지 못했다. 진달래, 철쭉이 만개하는 단오절이면 도성안의 장정들이 다투어 중턱의 예장藝場에 운집, 씨름대회도 벌였으며 중양절重陽節이면 시인 묵객들이 계곡의 맑은 물에 술잔을 띄우고 시를 지으며 갓끈을 빨아 말리는 정경이 펼쳐지기도 했다.

그러나 임진왜란 때 북쪽기슭에 왜군주둔지가 서고 다시 3백여 년 뒤 왜성대공원, 조선신궁들이 국사당 등을 대신하면서 남산은 극심한 훼손길에 접어든다. 6·25는 해방촌을 생겨나게 했고 개발의 미명아래 산허리를 빙 둘러가며 호텔 공공기관 외국 인거주지 등을 짓고 굴을 뚫었다.

그래도 남산은 지금도 연간 1천 4백여만 명의 시민들이 찾는 가장 친근한 휴식처다. 재창조를 위한 파괴, 외인아파트 폭파해체와 함께 남산은 또 한 번의 전환점에 섰다. 서울시는 남산외인아파트 해체를 계기로 본격적인 '남산제모습 가꾸기'에 나서 필동의 수방사, 안기부 등 대형건물을 철거하고 그 자리를 전통 문화동네, 애국가마당, 늘푸른언덕 등으로 공원화하는 계획을 추진 중이다. 우리들 스스로가 한계선을 그어놓고 훼손의 방식만 달리하는 눈가림식 복원이 앞으로 거듭돼서는 안된다. 더 이상 지난 시절과 같은 단견과 조급함으로 남산의 모습을 일그러뜨리는 일은 없어야 한다.

- 정기환 기자

소주도 이제 골라 마시는 시대

[중앙일보] 입력 1996. 05. 15.

소주도 이젠 골라 마시는 시대
-맛, 값, 모양 차별화 大히트

'소주위의 소주'를 내걸고 지난 3월말 첫 선을 보인 고급소주 '김삿갓'이 애주가들의 입맛을 크게 바꿔놓고 있다.

전남 목포 근거지의 시골소주인 보해양조가 전국시장으로 진출하기 위한 야심작으로 내놓은 '김삿갓'은 이 달 들어 수도권에서만 2만 9천여 상자(70만여 병)

의 주문이 쇄도했으나 1만 2천 상자밖에 대지 못하는 공급부족현

상이 발생했다. 주정공급이 제한 받던 때 진로소주의 '품귀사태'후 처음 있는 일이다.

국내 소주의 질은 지난 60년대 초 식량난으로 양곡관리법이 발효되면서 단일품질이 지배하는 구조가 굳어져 왔다. 원료가 되는 주정酒精은 헐값의 타피오카, 절간(잘라서 말린) 고구마 등이 전부였고 첨가물은 사카린 등이어서 세계적으로 값싼 대중주로 시중에 확산됐다.

애주가들은 선택의 여지없이 이 같은 소주 맛에 무려 30여 년 동안을 반강제적으로 길들여져 왔다. 더 고급이든, 더 싸구려든 다른 소주가 국내에는 전혀 없었기 때문이다. 당연히 회사 사장님이나 신입사원이 똑같은 소주를 마셔야만 했다.

90년대 들어 곡물주정을 일부 섞은 소주가 잠시 등장하긴 했으나 마케팅 실패로 곧 퇴장했다. 88올림픽 때 '관광용'이라는 이름으로 납작한 병모양의 소주가 선보였지만 병모양만 달랐을 뿐 내용물은 대동소이, 역시 대중화하는 데 실패했다. 그러나 1인당 국민소득이 1만 달러를 넘어서는 시점에서 프리미엄 소주를 표방하고 나온 김삿갓이 1, 2위의 진로, 경월이 주시하는 가운데 돌풍을 일으키기 시작한 것.

김삿갓은 소주의 감미료로 이전까지 쓰던 스테비오사이드 대신 천연 벌꿀을 쓴 점 외에도 맛, 값, 모양새부터 파격적이다. 기존의 소주주정에 쌀, 보리의 곡물주정을 섞어 순한 맛을 훨씬 높인 데다 차별화된 가격으로 판매하고 있다.

전문가들 사이에선 김삿갓 돌풍과 관련, 양주시장에서 최근 숙성기간 12년 이상의 고급양주 소비가 급증하고 있는 현상과 결코 무관하지 않은 것으로 분석한다. 사회적 지위에 따라, 돈이 많고 적음에 따라 차별화된 제품을 선택할 기회가 충분히 주어져 있는 것이 선진국이고, 이제는 우리도 그럴 때가 됐다는 얘기다. 어쨌든 보해는 올해 말까지 1백만 상자(2천 4백만 병)판매라는 당초 목표를 1백 50만상자로 늘려 잡고 생산라인 증설을 위해 라벨러등 추가설비를 발주하는 등 법석이다.

"1조 원대인 소주시장의 절반 정도는 앞으로 프리미엄시장으로 바뀔 것"이라는 보해 측의 낙관 속에 역시 지방 소주업체인 금복주도 최근 벌꿀소주 '독도'를 선보였으며, 진로도 상반기 중 김삿갓을 제압할만한 특급소주를 출시할 계획이다. 지난 30여 년간 선택의 여지없이 한해에 20억 병씩 마셔온 애주가들의 입맛이 이들 고급화된 소주로 인해 과연 얼마만큼 변해갈지 관심거리다.

– 정기환 기자

1995년 10월부터 1997년 10월까지 경제부 유통팀에 있었다. 유일한 경제부 경력이다. 맡은 일은 주류업계였다. 통상 '술 기자'로 불리는 주류업계 출입은 대代 물림으로 이어진다. '중앙일보 29대 술 기자' 하는 식이다. 본래 술과 가까운 직업인데다 하는 일도 술이니 그야말로 '술판'이다.

술 자랑은 피하는 편이지만 술 자체는 좀처럼 피하지 않는 편이다. 아예 안 마시거나 못 마시는 사람에 대해서는 예외로 치지만, 나는 신사의 품격을 술로 판단하는 경향이 좀 있다. 기자생활 30여 년, 낮과 밤 2차례씩 마시지 않은 날이 오히려 드물 것이다. 특히 석간이었던 시절에는, 갓 인쇄된 따끈따끈한 신문을 들고 나가는 점심시간이 술맛을 더 당겼다.

지금까지도 나는 술을 마신 다음 날 흔히 듣는 '속 쓰리다'는 말의 의미를 잘 모른다. 어디가 아프고 불편하다는 말인지.

대학 2학년 때인 1977년, 나는 하숙비를 절약하려 수유리의 한 암자에 거주하고 있었다. 화계사의 말사末寺였다. 보름달이 뜬 어느 봄밤, 주지 스님이 나를 벚꽃이 만발한 벚나무 아래로 초청했다. 지난해 담궜다는 버찌 술병을 따고 있었다.

주거니 받거니 하다가 스님이 말했다. "자네 일평생 술을 편하게 즐기고 싶은가." "물론이지요." 스님은 단식을 권했다. 다른 것은 몰라도 철벽 위장을 갖게 될 것이라고 유혹했다.

그 말을 꼭 믿어서가 아니라, 군 입대를 결심한 뒤숭숭한 심사에 단식을 단행했다. 그것도 10일씩 2차례나. 단식에 가장 중요한 양질의 샘물이 그 암자에 있었다는 것도 한 요인이었다. 그 때문인지 아닌지는 모르겠으나 나는 술 친화적인 위장을 갖게 됐다.

'떡은 팔매질을 하고 술은 양치질을 하며 살도록 해 주이소.' 나에 대한 외할머니의 비손(신에게 손을 비비며 비는 간단한 의례)이었다고 한다. 외할머니는 맏딸이 첫 외손주를 낳아오자 신령님께 이같이 발원發願했다. 충분히 이해되는 기원이다. 6·25 전란 이후의 농경사회에서 떡과 술은 만복萬福의 근원이었으리라.

떡 팔매질은 금방 이루어졌다. 얼마 후 정미소를 시작한 아버지가 떡방아 기계까지 들여 놓았기 때문이다. 술 양치질은? 그 외손주가 하필 술과 가장 친근한 직업을 갖게 되면서 이 역시 이루어졌다고 봐야 할 것이다.

아무튼 내가 주류업계를 출입하던 때는 우리 술 시장의 격변기였다. 맥주는 60~70년간 동양맥주OB에 눌려왔던 조선맥주(크라운)가 대 역전을 벌이던 때였다. '하이트'를 내놓은 조선맥주는 처음으로 신문 양면 광고를 내기도 했다. 시장을 지키려는 OB는 과대광고 등을 잡아내 법정소송으로 몰고 갔다.

소주 시장도 시끄러웠다. 전통의 진로 독주 시대가 끝나고 보해, 금복주 등 이 서울로 쳐들어왔다. 소주 이름에 '참숯' '아스파라긴' '벌꿀' 등이 붙기도 했다.

양주는 세계 수입국 1, 2위를 다투던 시기다. 처음으로 캔막걸리 '월매'가 출시된 때다. 새해 달력도 술 업체 것이 가장 화려했다. 차 트렁크에는 마케팅용 신제품 양주 박스가 늘 가득했던 시절이었다.

1996년 봄에는 세계의 술 고장들도 돌아보았다. 스코틀랜드(위스키) – 뮌헨(맥주) – 프랑스(와인) 등이다.

수백 개의 디스틸러리(위스키 양조장)들이 몰려있는 스코틀랜드의 스페이강 계곡은 볼만했다. 한 곳에서 한 잔씩만 시음해도 나중엔 낯빛이 벌개졌다.

맥주 맛은 독일보다 체코가 한 수 위라는 것은 오스트리아 연수 때 알게 됐다. 보헤미아 지방의 부데요비체(버드와이저)와 플젠(필스너)이 체코 맥주의 본고장이다. 1996년 어느 가을 저녁, 부데요비체의 한 가스트호프에서 체코 맥주를 처음 마셨다. '눈물이 날 만큼' 맛이 좋았다.

술 기자를 하면서 우리 희석식 소주의 우수성을 알게 됐다. 그러나 이 술의 탄생은 좀 슬프다.

5·16 직후 보릿고개를 없애기 위해 양곡관리법이 제정됐다. 곡식으로 술을 못 빚게 한 것이다. 쌀 술인 전통 증류식 소주는 퇴출됐다. 막걸리도 집에서는 빚을 수 없고 옥수수 막걸리를 사서 마셔야 했다.

소주 주정은 동남아 지역에서 나는 값싼 작물(타피오카)로 제조됐다. 여기에 물을 탄 것이 희석식 소주다. 희석식 소주는 우선 값이 쌌다. 초기에는 수십 원짜리 술이었다. 당시 모두가 가난했지만 소주 값은 큰 부담이 되지 않았다.

이 소주가 대한민국의 산업화에 큰 기여를 했다는 얘기도 있다. 산업화 초기, 우리 근로자들은 구로공단 등 수출산업 현장에서 저임과 열악한 근로환경에서도 억척같이 일했다. 고단한 하루가 저물면 이 대중 소주를 마시며 풀었다는 것이다. 소주와 참새구이는 그때 포장마차의 단골 메뉴였다. 사회 불만을 국민주 소주가 많이 달래 줬다는 것이다.

1990년대 들어 희석식 소주는 한 단계 도약한다. 살만해 지면서 소주도 품질 경쟁에 들어간 것이다. 불순물을 걸러내 숙취와 머리가 아픈 것을 해소하려했다. 이제 우리 소주는 세계 어느 리쿼류에도 지지 않는 순도를 자랑한다. 아직도 소주를 화학주나 저급 술로 아는 이도 있지만 틀린 얘기다

최근 들어 '소폭'이 대세를 이루고 있다. '양폭(양주+맥주)'보다 낫다는 것이다. 이 현상에 대해 해석도 구구하다. 불경기 때문이라고도 하고 도수가 약한 술에 대한 선호라고도 한다. 나는 달리 생각한다. 이제서야 '우리 것'을 부끄러워하지 않고 '자신감'을 갖게 된 것이다. '양주 마셨다'가 자랑이 아니게 된 것이다.

10위권 경제대국에다 한류(韓流)까지 대세다. 소주든 뭐든 내게 좋은 걸 마신다는 집단적 자긍심이다. 역사에 기록 될만한 우리 술의 사회적 현상이다.

공항철도 타고 바다로 떠나볼까

[중앙일보] 입력 2011. 05. 13 00:26 / 수정 2011. 05. 13 01:08

을왕리해수욕장·실미도·무의도…
서울역서 1시간이면 서해에 닿아

8일 오전 10시 50분쯤 인천공항철도 용유 임시역. 서울역에서 출발한 열차가 1시간여 만에 이곳 종착역에 닿자 원색의 나들이복을 입은 승객들이 쏟아져 내렸다.

삼삼오오 무리를 지은 이들은 역을 벗어나자 바로 바닷가로 향했다. 김윤혜(43, 서울 용산구 청파동) 씨도 이날 시골 초등학교 동창들과 무의도로 등산을 가기 위해 이 열차를 탔다. 그는 "서울 도심에서 한 시간 만에 바다 냄새를 맡으니 참 좋다"고 말했다.

인천국제공항으로 가는 교통편인 공항철도AREX가 '바다로 가는 열차'로 뜨고 있다. 서울역에서 타고 한 시간만 달리면 서해 바

8일 오전 인천공항철도의 '주말 바다열차'를 타고 용유 임시역에서 내린 나들이객들이 해변으로 향하고 있다. [정기환 기자]

다에 닿을 수 있기 때문이다. 지난해 말 공항철도 전 구간(서울역–인천공항)이 개통됐을 때 처음에는 해외여행객이나 섬 주민들이 주로 이용했다. 그러다 점차 가족·연인·모임 단위의 바다 나들이객들이 열차 칸의 풍경을 바꿨다. 서울에서 가장 빠르게, 경제적으로 바다로 갈 수 있는 교통편으로 입소문을 탄 것이다.

이 때문에 승객이 급증하고 있다. 이달 1일에는 하루 이용객이 9만 명을 넘어서 인천공항~김포공항 간 부분 개통 때(하루 최대 2만 9,000여 명)에 비해 세 배 이상 늘었다. 물론 이 정도는 공항철도 설계 때의 승객 예측치(하루 평균 40만 명)에 아직 크게 못 미치지만 승객이 늘어나는 폭이 가파르다.

코레일공항철도㈜는 3월 말부터 매주 토·일요일 '주말 바다열차'의 운행에 들어갔다. 기존 인천공항역까지의 종착역을 바다에 좀 더 가까운 용유 임시역까지로 늘린 특별열차다. 차량기지창을 임시역으로 쓰는 용유역은 영종도 서쪽 해변에서 50여m 떨어져 있다. 주말 바다열차는 오전 7시부터 오후 5시까지 39분마다 서울역에서 출발한다. 정확히 1시간 8분 만에 서해 바다에 도착한다. 편도 요금은 3,700원이다. 강남 지역에서는 지하철 9호선을 타고 김포공항역에 와서 공항철도로 갈아탈 수 있다.

공항철도를 타고 용유역에서 내려 15분 정도 해변을 걸어가면 잠진도 선착장에 이른다. 여기서 5분 정도 배를 타고 무의도로 들어가 산을 타는 '섬 등산족'들도 공항철도의 단골이다. 무의도의 호령곡산이나 국사봉의 능선을 타고 걷다 보면 좌우로 바다와 갯벌이 펼쳐지는 풍경을 즐길 수 있다.

바다열차가 운행되지 않는 평일에도 공항철도를 타고 바다를 보러 오는 사람이 적지 않다. 무의도에서 썰물 때면 걸어서 영화로 잘 알려진 실미도에 들어가 볼 수도 있다. 낙조가 아름다운 을왕리·왕산리해수욕장, 갯벌체험장들도 있다.

– 정기환 기자

[중앙일보] 입력 2008. 09. 04 02:41 / 수정 2008. 09. 05 07:40

행주대교서 서해안까지 4,000t급 배 운항 가능
정치권·인천시 찬성… 환경단체들은 반대

3일 낮 인천시 계양구 귤현동의 굴포천. 80m 폭의 방수로放水路
가 산과 들을 거쳐 서해안 쪽으로 끝간 데 없이 뻗어 있는 모습이
한눈에도 대형 토목공사임을 실감케 했다.

공사가 뜸한 구간에는 낚시꾼들의 파라솔이 천변을 따라 이어졌
다. 김 모(62, 인천시) 씨는 "고기를 잡아도 먹지는 못하지만 손맛을
보러 나왔다"며 "경인운하, 하루라도 빨리 해야지 이대로 두면 뭐
하겠느냐"고 반문했다. 김포시 풍무동에서 왔다는 윤 모(47) 씨는
"한강과 연결돼야 물이 썩지 않을 것"이라고 말했다.
3공구 현장의 덤프트럭 그늘에서 쉬고 있던 김승철(45, 인천시) 씨

국토해양부의 건설사업 재개 발표로 경인운하에 관심이 모아지고 있다. 한국수자원공사가 3일 인천시 서구 시천동 굴포천 일대에서 하천 폭을 넓히는 공사를 하고 있다. [인천=안성식 기자]

는 "이대로 놔두면 그간 퍼부은 돈이 아깝다"고 했다. 곁에 있던 김필수(47, 인천시) 씨도 "서울 인근에서 여기처럼 낙후된 곳은 없을 것"이라며 경인운하에 대한 기대감을 나타냈다.

1990년대 후반부터 10년이 넘도록 격렬한 찬반 논란 속에 표류해 온 경인운하 사업이 다시 수면 위로 떠올랐다. 정부가 이르면 올해 안에 민자 사업으로 착공한다는 방침이 전해지자 인천 지역에선 '이번에는 과연 뚫리나' 하는 기대와 우려가 교차하고 있다.

국토해양부는 한국개발연구원KDI의 타당성 검증을 거쳐 이르면 올해 안에 민자 사업으로 경인운하를 착공한다는 계획이다. 국토부 관계자는 "변화된 여건을 감안해 과거에 만들었던 기본계획을

246

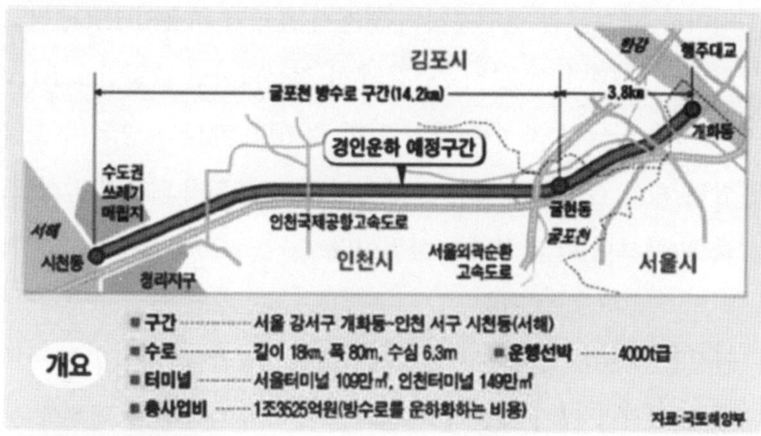

개요
- 구간 ── 서울 강서구 개화동~인천 서구 시천동(서해)
- 수로 ── 길이 18㎞, 폭 80m, 수심 6.3m ■ 운행선박 ── 4000t급
- 터미널 ── 서울터미널 109만㎡, 인천터미널 149만㎡
- 총사업비 ── 1조3625억원(방수로를 운하화하는 비용)

자료:국토해양부

경인운하 찬반 논란

찬성	구분	반대
-편익이 비용의 1.7배 -중국 물동량 증가로 효용성 증대 -외국 전문회사(DHV)가 경제성 인정 -일자리 창출, 건설경기 활성화 효과	경제성	-편익이 비용에 못 미쳐(0.4~0.9배) -서울~인천 간 대체 교통수단 많아 -단거리여서 운하 이점 살리기 어려워 -건설 공사 일자리는 일회성
-방수로 상태로 두면 수질 오염 -도로에 비해 환경 친화적	환경 영향	-청계천 형태의 수변 공간으로 활용 가능 -홍수 방지 효과 과장돼
-찬반 양론 팽팽, 사회적 합의 노력 -KDI에서 추가적인 검증 계획 -대운하와 무관하게 추진할 필요	사회적 합의	-지난해 협의회 최종 결정 때 국토부 불참 -대운하의 시범사업 -6월 대통령 특별담화 약속 어기는 것

자료:국토해양부, 환경정의

수정하고 있다"며 "가능한 정부 예산을 사용하지 않는 방식으로 추진할 것"이라고 말했다. 지금의 방수로를 운하용 수로로 바꾸고 인천 굴현동에서 서울 개화동까지 3.8㎞를 추가로 수로로 만드는 데 1조 3,000억 원 이상이 필요한 상태다.

찬반 논란 재연

운하가 경제적으로 얼마나 효용이 있는지에 대한 논란은 여전히 팽팽하다. 국토부는 경인운하의 경제적 효과가 비용의 1.76배라고 주장한다. 2004년 8월부터 2년간 운하 전문회사인 네덜란드 DHV가 실시한 타당성 조사를 근거로 한 것이다. 게다가 중국 수출입 물량이 계속 늘어나고 있는 추세여서 운하의 활용도가 타당성 조사를 할 때보다 더 커졌다는 설명이다.

권진봉 국토부 건설수자원정책실장은 "경인운하는 그 자체로 경제적 효과가 있기 때문에 추진하는 것이지 대운하를 염두에 둔 사업이 아니다"고 말했다.

그러나 홍종호 한양대 교수는 "100원을 투자해 60원 정도를 건지는 수준"이라고 말했다. 박용신 환경정의 사무처장은 "운하는 기본적으로 장거리 운행 수단인데 서울~인천에 운영해서 경제적인 이득이 있겠느냐"며 "대운하의 시범 사업인 '경인운하'를 추진하는 것은 국민과의 약속을 어기는 것"이라고 말했다.

경인운하=한강의 행주대교(서울 강서구 개화동)~서해(인천 서구 시천동) 18㎞ 구간을 뱃길로 잇는 구상

폭 80m 수심 6.3m의 운하를 파 4,000t 급 배가 다닐 수 있도록 할 계획이었다. 운하사업이 중단되면서 방수로 구간(인천시 시천동~귤현동 14.2㎞)에서 행주대교 옆으로 연결하는 3.8㎞ 구간은 한국개발연구원KDI의 타당성 검증을 거쳐 이르면 올해 안에 민자 사업으로 경인운하를 착공한다는 계획이다.

– 인천=정기환 기자

Chapter 5

사서함私書函에서

From the mailbox

술을 마신 어느 늦은 밤, 아파트 엘리베이터의 거울에는
나 아닌, 돌아가신 아버지가 물끄러미 보고 계셨다.
아들은 젊어서 아버지를 넘어 서려고 한다.
그러나 멀리 가지 못한다.
세월이 흐르면서 점점 더 가까이 닮아 간다.
불효자는 가신 뒤에나 알게 된다.
그러나 세월은 기다려 주지 않는다.

— 「묘비명」 중에서

2004년, 포항 죽천초등학교 동창회보

아직 바람이 차갑던 1973년 3월의 어느 날. 당시 대구역 건너편에 있던 시외버스터미널에 포항에서 올라 온 버스가 닿자 열대여섯 먹은 시골 소년이 옷 보퉁이를 들고 내렸다.

성이 최崔가인 그는 시골에서 중학교만 졸업하고는 일자리를 구하러 온 것이다. 그는 곧장 대구의 섬유공장에서 일하던 친척 누나를 찾아가 어느 모직회사의 공원으로 취직했다. 처음 맞는 객지생활은 모든 것이 낯설고 떠나온 고향을 생각나게 했다.

며칠 안 돼 최가는 원대동으로 고향 친구인 서徐가를 찾아간다. 서가는 이미 열네 살 때 죽천에서 대구로 올라와 장난감이나 플라스틱 바가지 등을 찍어내는 플라스틱 사출공장에서 자리를 잡고 있었다.

한 동네 고향친구인 둘은 서로 외로운 마음에 그날부터 서가의 공장에서 같이 일하기로 했다. 둘은 정말로 열심히 일했다. 몇 년 뒤 대구 성서공단으로 공장을 확장해 옮겨가던 날 사장은 "느그 포항놈들 덕분에 회사가 이만큼 컸다"고 칭찬해 주었다. 두 친구는 공장에서 없어서는 일이 안돌아갈 정도가 되 것이다. 최가는 고향에서 1년간 방위근무를 할 때도, 낮에 잘 시간에도 대구 공장으로 출근하기도 했다.

서가는 스물다섯에 포항의 오도 처녀를, 최가는 스물일곱에 진주 처녀를 만나 각각 가정도 이루었다. 그렇게 최가는 18년을, 서가는 15년 동안이나 그 공장에서 심복心腹을 했다.

두 친구는 5년간의 간격을 두고 배운 기술을 밑천으로 차례로 독립을 했다. 서가는 대구3공단에서 농기계와 자동차 부품용 플라스틱 사출공장(영성산업)을 차려 이제는 공장이 2개로 늘어났다. 최가도 서가의 공장 가까운 곳에 자동차와 사무용 가구에 쓰이는 사출공장(영일플라스틱)을 차렸다. 배고픈 어촌 마을에서 맨주먹으로 올라 와 사장이 된 것이다.

자기 사업을 하면서도 두 친구는 거의 매일 만나 밀어주고 끌어주기를 했다. 가족들도 형제 이상으로 정을 쓰며 살았다. 최가의 딸은 수원에서 대학을 다니고 밑에 아들은 고등학생이다. 아들만 둘인 서가는 하나는 군대를 마치고 복학했고 또 하나는 군에 가 있다.

어려서부터 식당을 하나 하고 싶었던 서가는 2년 전 대구3공단 안에 '제주바다'라는 횟집도 하나 냈다.

이제 좀 여유를 누려도 될 즈음, 서가는 얼마 전 병(위암)을 얻어 수술을 했다. 회복기에 들어가 걱정할 정도는 아니지만, 이제는 정말로 자기 몸을 보살펴야 할 나이임을 깨닫고 있다.

이는 내가 최근 4년여 동안 대구에 내려가 있을 때 해안5동네 향우회에서 만난 우리 동창 두 사람의 살아온 이야기다.

갑자기 만들어진 그 향우회에는 대벌리, 지리께, 우목, 소한리, 용덕, 너구, 곡강 등에서 올라온 죽천국민학교 선후배들이 고루 있었다.

그들의 얼굴을 대할 때마다 어릴 적 바닷가 마을들의 풍경이 영상처럼 떠올랐다. 최가와 서가, 두 친구의 얘기를 들으면서 우리시대 고단했지만 열심히 살아온 삶들이 참 값지다는 생각이 들었다.

대구 근무 때 자주 만났던 고향 친구들 얘기다. 모교인 죽천초교 동창회보에 쓴 글이다. 최가와 서가는 고향 초등학교 동기로, 나와는 거의 40여 년 만의 해후였다.

고향 초등학교에서 절반은 중학교에도 진학하지 못하던 시절이었다. 어려운 환경을 딛고 꿋꿋하게 일어선 친구들의 삶이 자랑스러웠다. 이 친구들 외에도 우리 세대 많은 이들이 그렇게 살아왔다.

2011년 설에 고향에 내려가 소식을 들었다. 이 글 속의 서가는 한 해 전 병을 이기지 못하고 떠났다고 했다. 친구의 마지막을 지켜 본 최가는 한동안 우울증을 앓았다고 했다.

1

"위대한 지도자의 영정
을 햇볕 가리개로 쓰면 되
겠습니까."

평양을 떠나 인천공항으
로 돌아오던 6월 2일 고려
항공편 기내. 비행기가 이
륙하자 그날 치 노동신문
과 잡지 '천리마'를 나눠 주었다. 창가 좌석에서 신문을 읽다 보니
햇빛이 너무 눈부셨다. 차광막을 찾아봐도 없었다.

별 생각 없이 노동신문을 쫙 펴 팔로 창문에 고정해 햇빛을 가렸
다. 금방 여승무원이 뛰어 왔다. 위대한 지도자 동지의 '영정'이 실
린 신문이라는 것이다. "아, 예–" 하며 급히 신문을 비행기 창에서

내렸다.

우리가 방문한 기간 매일 노동신문 1면에는 김정일 국방위원장이 군부대를 방문해 부대간부들과 기념촬영을 한 사진이 전면 절반 정도 크기로 실렸다. '이른바 선군정치라는 것이구나'라고 생각했다.

자연히 김 위원장의 얼굴이 1면 가장 중간에 오도록 지면이 배치돼 있었다. 군부대에서의 기념촬영 사진이 지면의 정중앙을 차지하고 사진을 찍을 때도 정중앙에 앉은 김 위원장의 얼굴이 지면의 한가운데에 위치하게 되는 것이다. 따라서 한 번만 접을 경우(배달 상태)에는 영정이 구겨지지 않지만 두 번 접을 때는 주의해야 한다고 누군가 전해 주었다.

2

6월 2일 평양 양각도국제호텔 식당.

점심시간에 테이블에 둘러앉은 일행이 반주를 위해 미리 준비돼 있던 평양소주의 뚜껑을 딸 것인지, 말 것인지를 놓고 의미 없는 실랑이를 벌이고 있었다.

간밤에 호텔바에서 북측 안내원들과 폭탄주를 너무 많이 한 탓에 '그냥 밥이나 먹자'는 분위기가 대세였다. 그러나 1~2명이 "여기까지 왔는데"라며 오프너를 만지작거리고 있었다.

나는 우스갯소리로 "당이 결정하면 나는 한다"고 한마디 거들었다. 그러자 등 뒤에서 여성 복무원이 다가와 바로 정정해 주었다. '결정'이 아니라 '결심'이라고 해야 하며, '나는'이 아니라 '우리는'

이라고 해야 맞다는 것이었다.

우리 테이블의 일행들 모두가 화들짝 놀랐다. 그때 분명히 우리 테이블 담당 복무원은 저만치 떨어져 있는 줄로 알고 있었는데 그녀는 어떻게 내가 하는 얘기를 들었을까.

3

"그만한 위치에 있으면 몸가짐을 바로 해야지 그래서야 되겠습니까."

5월 말 인천시대표단을 따라 평양엘 갔을 때 취재진 담당 안내원이 얘기 끝에 불쑥 임수경 씨 얘기를 꺼냈다.

"임수경이가 작년에 한 행사에 참석하기 위해 평양엘 다시 왔지만 주민들 아무도 박수는커녕, 눈길 한 번 주지 않았드랬습니다."

"그래요? 무슨 이유로……."

'통일의 꽃'이라고 불리는 줄 알았는데 뜻밖이었다.

북측 안내원은 우리도 모르는 임수경 씨 이혼 등의 얘기들을 풀어 놓았다. 그는 "우리 쪽 신문이나 방송에 난 것은 아니지만 주민들 대부분이 아는 얘기들"이라고 덧붙였다.

"그렇다 해도 그건 개인의 극히 사적인 부분이 아닌가요."

나는 북한 사회에 사회주의 국가 특유의 도덕률이 아직도 작동하고 있는 건가 하는 궁금증과 함께 반문해 보았다. 앞으로 이혼 경력이 있는 기자는 방북 취재도 어렵겠네 하는 생각과 함께.

그러나 돌아온 대답은 그게 아니었다.

"과거 위대한 수령님과 함께 건배를 할 정도의 은혜를 입었으면

처신도 남달라야 하는 것 아닙니까.”

나 혼자 과문했는지는 모르겠지만, 우리도 모르고 있었던 우리 사회 한 유명인사의 가십거리를 북한에 넘어 가서야 전해 들었던 날이었다.

2005년 5월 북한을 방문했다. 인천공항에서 1시간여 만에 내린 평양 순안공항은 중국의 한 지방 공항 같았다.

뜨거운 햇살 아래 주변 야산은 황토빛이었다. 입국 절차도 순탄치 않았다. 휴대폰을 모두 맡기라는 것이었다. 보관증을 써 달라니까 못 써 준다고 했다.

대동강을 건너다니며 ‘혁명 기념물’들을 둘러보았다. 거대한 동상은 금빛으로 빛났다. 거리에는 생동감이 없었다. 묘향산 가는 길에 비를 맞으며 황토길을 걷고 있는 여군을 보았다. 까맣게 탄 얼굴이 어릴 적 우리네 누이를 연상케 했다. 묘향산 깊은 곳, 위대한 수령의 선물 전시관은 딴 세상 같았다.

묘향산 보현사는 그나마 푸근했다. ‘위대한 수령’ ‘혁명과업 돌진’ 등의 구호들이 거기에는 없었다.

남포항 가는 길에 모내기 들판을 보았다. 논두렁에도 붉은 빛깔의 구호들이 펄럭였다. 시골 중학교에도 황금빛의 수령 동상이 우뚝 서 있었다. 정이 든 것은 평양소주와 대동강맥주뿐인 것 같았다.

왕년_{往年}의 제국_{帝國}에서

(중앙일보 입력 2003. 02. 18. 18:31 / 수정 2003. 02. 19. 08:13)

1. 오스트리아

아직도 오스트리아의 국기 등에는 머리가 둘인 검은 독수리가 그려져 있다. 한 손에는 칼을, 한 손에는 왕관을 움켜잡은 합스부르크 왕가 당시의 신성로마제국 문장이다. 19세기까지 유럽 열강의 한 축을 이뤘고 한 때는 유럽의 경찰역을 자청했던 나라다. 전성기에는 헝가리, 체코, 슬로바키아, 폴란드의 동유럽과 발칸반도, 이탈리아까지 영역을 확장했다.

종교개혁의 물결에 맞서서는 반反 종교개혁의 본진이 되었고 나폴레옹 전쟁이 퍼뜨린 자유와 민족주의 운동에 대해서는 메테르니히 체제로 구 질서를 지켜내고자 했다.

1차대전 패배에 이어 2차대전 후에는 10년간 미·소·영·불 4개국의 신탁통치를 받았으며 한때 카이저 슈타트(황제의 도시)로 불리었던 수도 빈은 20세기 들어 유일하게 인구가 감소한 대도시로 꼽

| 1996년 12월 키츠뷜에서

힌다. 말하자면 일시에 살림이 오그라 들어버린, 그러나 자긍심은 잃지 않으려는 부잣집 후예의 심리가 많이 남아있다.

Wien에는 아직도 기능 위주의 현대식 빌딩이 드물다. 천정이 높고 창문틀마다 정교한 조각물을 덧붙인 1백 년, 2백 년 전의 건물들을 허물지 않고 고쳐 쓰고 있어 시내 어디를 가든 박물관 근처에 온 듯하다. 아직도 전차를 버스보다 더 일상적인 교통수단으로 이용한다.

중유럽에 속하지만 위도 상으로는 극동의 북만주와 같아 연평균 기온이 8~10도이다. 해안을 끼고 있지 않은 데다 우크라이나에서부터 시작되는 동유럽평원에 위치한 Wien은 그래서 유럽의 냉장고로도 불린다.

258

일교차가 크고 겨울이 길다. 10월부터 4월까지는 외투를 입어야 할 정도이며 거리에는 겨울 내내 두껍게 쌓인 눈이 얼어붙어 있다. 여름에는 밤 10시가 되어야 어두워지지만 동지를 전후해서는 오후 3시 반만 되어도 사무실에 불을 켜야 할 정도이다. 오페라, 음악회 등의 공연문화가 발달한 원인이기도 하다.

게르만 민족답게 아침에는 우리보다 더 부지런하게 시작된다. 학교, 은행 등이 대부분 8시에 문을 연다. 아파트를 보면 밤 10시에는 거의 불이 다 꺼졌다가 새벽 5시면 일제히 불이 켜진다. 아침 10시가 넘어서야 하루가 시작되는 이태리, 스페인 등의 라틴계와는 크게 차별되는 점이다.

우리 기준으로 보면 오스트리아는 사회주의에 더 가깝다. 제정帝政이 무너진 뒤 사회민주당 계역에서 집권한 탓으로 사회복지는 스칸디나비아 국가들 수준이며 대부분의 기간산업은 국영기업이다. 메이데이(5월 1일)는 집권 사회당의 주도하에 성대하게 치러지며 근로자의 권익에 관계되는 기업 간의 경쟁은 가급적 제한된다.

가게 문을 여는 시간도 법으로 정해져 있다. 이 때문에 지난해 처음 도착했을 때는 금요일 오후 5시 이전까지 빵과 물 등을 사두어야만 했다. 주말에 식료품이 떨어지면 고속도로 휴게소까지 가서 2배나 비싼 가격에 사오기도 했다.

한국인 교민들은 대부분 1960년대에 서독으로 온 광부, 간호사들이 정착한 사람들이다. 600여 명에 달하는 유학생들은 90%가 음악전공 학생이다.

도착 후 연수생활을 할 Wien 대학을 찾아 갔더니 캠퍼스라 할 만한 곳이 전혀 없었다. 그냥 시내 큰 도로변에 땅을 좀 넓게 차지하고 앉은 오래된 건물들의 집합체였다.

Wien 대학은 프라하대학에 이어 유럽에서 두 번째로 문을 열었다(1365년)는 내력을 자랑한다. 1백여 년 전 프란츠 요셉 2세 황제가 왕궁에서 멀지 않은 곳에 터를 잡아 르네상스풍으로 새로 지었다는 정방형의 대학건물을 들어가 보면 미로처럼 복잡하다.

그러나 수많은 강의실 하나하나마다 햇빛이 안 들어가는 방이 없다는 건축술도 자랑 중의 하나다. 정문 로비에는 12명이나 된다는 노벨상 수상자들의 사진과 흉상들이 자리하고 있다. 카를 멩거(정치경제학), 지그문트 프로이트(정신분석학), 멘델(유전학), 안톤 부르크너(음악) 등이 우리에게 친숙한 학자들이다.

본관 2층으로 오르는 계단 위쪽에는 프란츠 요셉 2세 황제의 커다란 동상이 압도하듯 버티고 서 있다. 우리 대학들 같으면 법대, 상대 순으로 학과 순서가 정해지지만 이 대학은 가톨릭 신학과가 최우선이다.

등록금이 전혀 없는 것도 우리와 다른 점이다. 9월 중순 첫 학기 등록을 하는 데 쓴 돈이라고는 학생회비 1만 5,000원 정도가 전부였다. 이 때문에 동유럽, 중동, 아프리카 등 외국학생들의 비중이 30%를 차지한다.

대학 주변에는 1백 년이 넘었다는 맥주집도 여럿 있다. 대부분

맥주 1~2잔을 홀짝거리는 수준이지만 한국인들처럼 2차, 3차 하며 늦도록 마시는 이들도 있다.

경찰은 독일경찰의 전통을 내려 받았는지 엄격하다. 한번은 일방통행로를 접어들었다가 적발됐는데 벌금 5백 실링을 내라고 했다. 교통법규를 위반하면 현장에서 벌금을 내되 20% 할인해 준다. 하는 수 없이 1,000실링짜리를 내밀었더니 이 경찰이 그때서야 안전벨트 미착용, 응급약품 미비치 등을 추가해 800실링을 받았다.

경찰서로 들어가 "경찰이 거짓말을 했다"며 한국에서처럼 큰 소리로 항의했더니 안에서 간부가 나왔다. 더 목소리를 높였더니 갑자기 총을 가져오라고 해 무장을 하는 바람에 꼬리를 내렸다.

3. 여행

오스트리아는 유럽의 한 가운데에 위치해 독일, 스위스, 리히텐슈타인, 이탈리아, 슬로베니아, 헝가리, 슬로바키아, 체코 등 8개국과 국경을 접하고 있다.

특히 동유럽 국가들은 Wien에서 자동차로 30분~1시간이면 국경을 넘을 수 있어 수시로 드나들었다. 동유럽에서는 영어보다 독일어가 더 잘 통한다. 득히 체코 보헤미아 지방의 맥주 맛은 독일맥주를 능가한다. 동유럽 지역은 Wien보다 물가가 매우 싸 담배를 사거나 자동차 수리를 위해서도 자주 국경을 넘었다.

겨울이 6개월이나 계속돼 스키 스케이트 등의 겨울 스포츠가 흔하다. 짤츠부르크와 인스부르크 인근의 스키장들은 6월까지 스키가 가능하다. 스키 사파리라고 불리는 수십 킬로미터의 스키 코스가 장관이다. 개별 슬로프들이 10여 개의 산봉우리를 넘어 갈 수 있도록 계속 이어져 있다. 이를테면 수원에서 시작해 산을 타고 양주까지 스키를 타고 가는 식이다. 돌아올 때는 셔틀버스를 이용한다.

부활절 방학을 맞아 터키로 갔을 때다. 이스탄불을 거쳐 터키 농촌으로 가니 우리나라 70년대 농촌 풍경과 흡사했다. 큰 보따리를 이고 딸아이의 손을 잡고 시장을 가는 아낙네들, 들녘에서 새참을 먹다가 지나가는 이들을 불러 '좀 먹고 가라'고 권하는 농부들….

돌아오는 날 이스탄불 공항. 한 20대 청년이 이날 아침 시골에서 같이 올라온 듯해 보이는 부모와 눈물을 흘리며 작별하고 있었다. 노모는 농사일로 거칠어진 손으로 아들의 손을 부여잡은 채 놓을 줄을 모르고 부친은 눈물을 참으려는지 먼 곳을 보고 있었다.

오스트리아와 독일 등에서 가장 많이 보는 외국인 근로자는 터키인들이다. 이 젊은이도 독일 등으로 일자리를 찾아 나섰거나 잠시 고향에 다녀가는 길인 듯했다.

80년대 초까지만 해도 우리 김포공항에서도 흔히 볼 수 있었던 풍경이다. 사우디나 쿠웨이트 등의 중동 건설현장으로 떠나는 이들을 배웅하던 우리네 모습과 너무 흡사했다.

여름방학을 맞아 북유럽으로 갔을 때다. 노르웨이 남단 크리스티앙산드의 산길을 달리다가 차가 멈춰 섰다. 엔진실에서 타는 냄새가 나 응급조치를 해 보았지만 꿈쩍도 않았다. 날은 어두워지고 비까지 내려 산 속은 여름인데도 추웠다.

지나가는 차도 뜸한 가운데 한 젊은이가 차를 세우더니 도와주겠다고 했다. 그는 비를 맞으며 로프로 내 차를 연결해 인근의 주유소로 끌고 갔다. 주유소 정비기사도 자기 능력으로는 안 되니 더 큰 정비소로 가라는 것이었다.

밤 10시가 넘어 있었다. 휴대전화로 여자 친구와의 약속을 취소해 가며 우리가 하룻밤 묵을 숙소를 찾아주고는 다시 고장난 차를 끌어다 주었다. 식당도 문을 닫았다며 우리가 밥을 지어 먹을 수 있도록 주선해 주고서야 그곳을 떠났다. IAN THROSEN 27세, 인근 산 속의 레프팅센터 강사라고 했다.

과거 여행 중에 차가 고장난 적이 있었느냐고 물었더니 아니라고 했다. 다만 어려운 지경의 사람을 성심껏 도우면 언젠가 자기도 고마운 사람을 만나지 않겠느냐는 것이었다.

1996년부터 1년간 오스트리아 빈 대학으로 연수를 갔다. 다녀온 뒤 회사에 제출한 리포트 중 '지역 정보'를 축약한 것이다. 오스트리아로 가게 된 것은 이태영 전 호남대 총장과의 인연에서다. 언론연수는 대부분 미국, 일본 등으로 가던 시기다.

1994년 일본과 역사 교과서 분쟁이 일어났을 때 이 총장님을 인터뷰했다. 당시 국제교과서문제연구소 소장이셨다. 음악대학을 제외하고 한국인으로서는 처음으로 빈 대학에서 학위(역사학)를 받은 분이다.

처음에는 한국과는 술 문화가 너무 달라 힘들었다. 겨울에는 오후 4시면 어두워졌다. 잠이 들었다가 밤 10시쯤 깨어날 때도 있었다. 자다 말고 술 생각에 집 근처 바를 찾았던 적이 있었다. 혼자서 조용히 술을 마시는 사람들이 대부분이었다. 술집까지 데리고 온 개를 쓰다듬으며 맥주 한 잔을 한 모금씩 한 모금씩 홀짝이고 있었다. 그들이 한 잔을 비우는 동안 나는 5잔을 순식간에 비우고 술집을 나왔다.

유럽에 주재원으로 나온 친구나 나이가 비슷한 유학생들이 그나마 술친구가 돼 주었다. 서울에서 퇴근 시간 삼삼오오 무리를 지어 술집 문을 밀고 들어가던 풍경이 꿈에도 그리웠다. 한없이 왁자지껄한 우리네 술집 분위기, 그것도 경쟁력이라는 생각이 들었다.

쌀 막걸리와 역사 읽기

[인천저널] 2009년

막걸리가 붐을 타면서 관련 기사가 쏟아질 무렵 눈길을 끈 인터뷰 기사가 하나 있었다. 거의 평생을 막걸리 제조에 종사했다는 한 주류 업체의 사장이었다.

"폭압적인 박정희 정권은 전통 막걸리의 명맥까지 끊어 놓았다"는 주장이었다. 천방지축 날뛰는 네티즌들의 악플을 읽는 느낌이었다. 이제는 손자들에게 옛 일을 전해줄 만큼 연륜도 쌓인 분의 회고여서 더 놀라웠다.

30여 년 전으로 거슬러 올라가 흑백사진 같은 장면이 떠올랐다. 1977년 12월 초 논산훈련소 입소를 눈앞에 둔 시점이었다. 친구들이 입영전야 파티를 열어 주었다. 술은 불과 2~3일 전에 처음 선을 뵌 쌀막걸리였다. 뿌연 색깔의 쌀막걸리는 옥수수나 고구마로 빚었던 그 이전의 막걸리와는 맛도 질도 달랐다.

1977년은 이 나라에서 수천 년 만에 처음으로 쌀의 자급자족을 달성한 해다. 쌀 대신 잡곡과 밀가루를 먹으며 통일벼를 개발하는 등 20여년에 걸친 각고의 노력을 통해서다. 이 해 처음으로 쌀이 남아돌게 되자 박정희 정부는 그간 추상같이 금지해왔던 쌀막걸리를 허용했다. 쌀막걸리가 처음 출시된 날, 전 국민이 삼삼오오 주점으로 몰려 가 쌀막걸리로 축배를 들던 흑백TV의 뉴스 영상들도 떠올랐다.

'전통 막걸리의 명맥까지 끊어 놓았다'는 얘기가 왜 틀렸느냐는 반론도 있을 수 있다. 명맥을 끊었느냐 아니냐, YES냐 NO냐를 묻는 단답식 문제라면 정답일 수도 있다. 그러나 역사적 진실의 측면에서는 전혀 아니다라고 말해야 할 것이다.

쌀막걸리는 왜 한동안 우리 곁에서 사라져야 했는가. 그러다가 다시 그 쌀막거리를 마실 수 있게 됐을 때 우리 국민들은 왜 그렇게 감격스러워 했던가. 새삼 여기서 되풀이하지 않아도 알 만한 사람은 다 알 것이다. 그러나 역사 망각증·역사 오남용이 활개를 치는 근래의 뒤틀린 세태나 배고픔을 모르고 자란 세대들을 생각하면 그만둘 수가 없다. 더욱이 이념에 눈이 멀어 역사의 흑과 백까지 바꿔치기하려는 무리들을 생각하면 더욱 그렇다.

쌀막걸리는 배가 아파서가 아니라 배가 고파서 죽어가는餓死 국민들을 대신해서 한동안 사라진 것이다. 60년대까지만 해도 춘궁기를 넘기지 못하고 굶어 죽는 사람들이 끊이지 않았다. 민생고 해결을 혁명공약으로 들고 일어선 혁명정부는 국민들의 생명줄 같은 곡식으로 술을 빚는 행위부터 금지시켰다. 전통 술의 명맥을 따질 시대가 아니었다. 뿌연 쌀막걸리는 누런색의 옥수수 막걸리로 바뀌었다.

소주도 마찬가지였다. 안동소주 등 쌀로 빚는 전통 증류식 소주는 극히 제한적으로만 허용됐다. 100도짜리 주정에 물을 타서 알콜도수를 맞추는 희석식 소주가 이를 대신했다. 인도네시아에서 나는 타피오카라는 작물이 희석식 소주의 원료로 사용됐다. 타피오카는 당시 화물선 한 척으로 싣고 와도 수십 달러면 되는 값싼 작물이었다. 이 때문에 희석식 소주는 아무리 가난한 사람이라도 부담을 느끼지 않을 만큼 싼 술이었다. 박 정권은 값 비싼 쌀 소주를 빼앗아간 대신 장래 한국의 대중주가 될 희석식 소주를 굶주린 국민들에게 싼 값에 공급한 것이다.

십수 년 전 경제부에서 주류업계를 출입할 때 들었던 얘기가 생각난다. 우리 주류업계의 산 증인이라 할 만한 그 인사는 "이 싸구려 소주가 이 나라 산업화와 민주화에 큰 역할을 했다"고 했다. 60~70년대 당시, 구로공단 등 산업현장의 근로자들이 형편없는 임금과 고강도의 노동에도 불구하고 하루 일을 마치면 소주 한잔으로 피로를 풀고 이튿날 다시 힘든 일터로 나섰다는 것이다. 구멍가게에서 몇십 원이면 들고 나올 수 있는 희석식 소주가 없었다면 가난한 사람들은 고된 노동의 피로도 풀기가 쉽지 않았을 것이라는 설명이었다.

그럼, 민주화는? 그 인사는 "산업화의 과정이 없었으면 진정한 민주화가 가능했겠느냐"고 반문했다. 그런 맥락에서 자기는 당시의 공단 여공들이나 사우디 건설현장의 근로자들이 민주화 운동의 초석을 깔았다고 본다는 것이었다. 그래서 자기는 대학가 운동권들이 민주화의 공을 독점하는 걸 못마땅하게 여긴다고도 했다.

술 이야기가 길어졌지만 역사는 전후맥락을 잘 짚어 읽어야 한다는 얘기를 하고 싶었다. 내 입맛과 취향에 맞춰 역사를 덧칠하다가는 역사가 주는 교훈은 고사하고 역사로부터의 보복을 피할 수 없게 된다.

서애 유성룡의 『징비록』을 읽다 보면 당시 백성들의 참담했던 고통이 300년 후 일제에 강제합병된 치욕과 바로 연결되는 듯하다. 배고픈 건 참아도 배 아픈 건 못 참아 하던 문약文弱의 조선조 선비층은 그 처참한 전란을 겪고서도 이후 전혀 달라진 자세를 보이지 못했다.

임진왜란과 일제 식민지 시대에 대한 교훈은 지금도 유효할 것이다. '나쁜 놈들'이라고 핏대를 세우며 축구든 야구든 '한·일전'만큼은 질 수 없다는 흥분만으로는 부족하다. 그보다는 기능올림픽에 나가 일본 기술자들을 앞질러 금메달을 따오는 기능인들이야말로 역사의 교훈을 실천하는 이들이다.

친일인명사전을 둘러싼 논란도 그렇다. 수년 전 선친 소유의 토지관리대장을 발급받았다가 소스라쳐 놀란 적이 있다. 성姓이 기재돼야 할 곳에 낯선 한자 2자가 적혀 있었다. 창씨개명의 흔적이었다. 궁벽한 어촌의 한 필부까지도 피해가지 않았던 시대의 아픔을 함부로 조롱할 것만은 아니라는 생각이다. 뒤늦게 태어난 행운만으로 앞서간 세대들을 망나니의 칼춤식으로 단죄하는 우는 피해야 할 것이다.

– 정기환 중앙일보 경기인천취재팀장

나는 '7080 콘서트'가 싫다

[인천저널] 2012년

7월 초순의 어느 주말, 소래포구에서 가까운 남동문화예술회관을 찾았다. 아는 사람이 주관하는 한 언더밴드의 공연을 보기 위해서였다.

논현지구 신도시 사업의 개발이익으로 지어져 얼마 전 문을 연 남동문예회관은 주변 신도시 환경에 걸맞게 산뜻한 모습이었다. 공연 시작을 알리는 벨 소리와 함께 조명이 꺼지면서 영상물이 먼저 상영됐다.

40여 년 전으로 거슬러 올라가는 흑백 사진 스틸이었다. 한국전쟁, 5·16 혁명, 광주 민주화 항쟁, 삼청교육대, 6·10 민주화 항쟁 장면들이 스쳐갔다.

이어 신중현 밴드의 공연 장면과 〈커피 한잔을 시켜놓고(펄시스터즈)〉 〈월남에서 돌아온 새카만 김상사(김추자)〉 등을 거쳐 〈그건 너(이장희)〉 등 1970년대 우리 대중음악의 무대들로 이어졌다. 원판

270

'7080' 공연이었다.

다시 장면은 바뀌어 파출소에서 머리를 깎이는 장발 단속, 무릎 위에서 치마가 얼마나 올라가 있는지를 자로 재는 미니스커트 단속 등의 장면이 나왔다.

1970년대 가수들의 대마초 파동을 보도한 신문기사들도 클로즈업됐다. 당시 심의에서 방송금지 조치됐던 음반들도 하나씩 하나씩 카메라 앞에 던져졌다. 〈동백아가씨〉〈그건 너〉〈거짓말이야〉…. 배경음악과 함께 흐르는 내레이션은 시종 엄숙하고 단호한 어조로 일관했다.

요지는 '우리 대중음악이 어두운 탄압의 긴 터널을 뚫고 드디어 새로운 시대를 맞이했다'는 것이었다. '왜색'이나 '불신풍조 조장' 등의 방송금지 사유를 설명할 때는 객석으로부터 웃음도 터져 나왔다. 대마초를 피운 가수들이 무더기로 잡힌 것까지도 독재정권의 문화예술 탄압으로 비쳐졌다.

그 시대를 모르는 젊은 청중들은 어느 미개국의 풍경으로 받아들이지 않을까 내심 걱정됐다.

언제부턴가 '7080 콘서트'가 나오면 TV 채널을 돌린다. 한때는 젊은 시절을 생각하며 주말저녁이면 찾아보던 프로였다.

출연하는 그때 그 시절의 가수들이 저마다 '민주투사' 연기하는 것이 보기 싫고 듣기 싫어졌다. 저마다 탄압과 감시를 피해 문화와 예술의 자유를 쟁취하기 위해 투쟁했다는 것이었다.

'장하다'는 생각보다는 40~50년이 지난 뒤에야 '이불 속의 만세'

를 부르는 모습이 측은하다는 생각이 들었다. 과연 그들은 그 시대로부터 피해만 당하고 혜택은 받지 못했다는 것일까. 그 시절 하루 종일 뙤약볕 아래 농사일을 하고 돌아오신 어머니가 흑백 TV를 보며 하시던 말씀이 생각났다. "저네들은 맨날 노래만 부르고도 잘 먹고 잘 사는구나."

우리 대중음악인들이 그 시대에 어떤 투쟁을 벌였는지, 아닌지는 일단 접어두자. 과연 그 시대가 하기 쉬운 말로 '암흑의 시대'만이었을까. 대중음악의 측면에서만 볼 때 꼭 그랬다고 할 수 있을까.

1970년대는 대중음악사에 있어 청바지와 통기타의 시대로 불린다. 1960년대 '미8군 무대'를 통해 우리 젊은이들에 익숙해진 미국의 대중음악인 팝송이 우리 토양에 자리 잡기 시작한 시대이다. 그 시대를 살았던 청춘들은 기억할 것이다. 청바지와 통기타는 그 이전의 〈동백 아가씨〉 시대에 비해 상대적으로 풍요와 자유를 구가하던 시대였다.

수출입국을 토대로 한 산업화의 과실들이 도시와 농촌으로까지 스며들던 무렵이었다. '말표' '기차표' 일변도의 학생 운동화 시장에도 몇만 원씩 하는 '나이키'가 등장하던 시기였다.

초근목피와 보릿고개로 대변됐던 지난 시대에 비해서는 문화적 수요의 부피와 질도 달라졌다. 가수들이 히트곡을 내면 '밀리언셀러'라는 당시로서는 낯선 타이틀이 붙여지던 것도 그 무렵이었다.

그 이전 시대의 선배 가수들에 비하면 그들은 더 큰 부와 명예를 누렸다고 할 수 있다. 정확한 데이터는 구하지 못했지만 음반시장

하나만 놓고 보아도 그 이전 1950~60년대와는 크게 차이가 날 것
이다.

 표현의 자유에 대한 억압은 어떡할 거냐고 항변할 것이다. 그러
나 그 시절은 지금과 달랐다. 시골 마을에서는 젊은이가 어른 앞에
서 고개를 빳빳이 들고 지나간다고 '호로자식' 소리를 듣던 시절이
었다.

 역사란 무엇인가. 과거를 오늘의 잣대로만 단죄하려 들면 우리
역사는 남아날 구석이 없다. 그 시대에는 그 시대의 논리가 있다.
세종대왕 시대를 오늘의 잣대로 재단하려 들면 어떻게 될 것인가.

 오늘의 눈높이로 과거를 판결하려 드는 것은 아이러니하게도 조
선시대를 풍미했던 유교적 대의명분론에 뿌리를 두고 있다. 문약
에 빠진 조선조의 선비들은 창과 칼 대신 입으로 나라를 지키려
했다. 청나라의 정벌을 당해 삼전도의 굴욕을 치르고도 내심으로
는 망해버린 명나라를 잊지 않으려 했다.

 명분론은 실질보다는 그 칭호나 예우에 연연한다. 왕실 어른의
죽음을 두고 3년상을 치를 것이냐, 5년상을 치를 것이냐를 두고 피
비린내 나는 권력투생에 매달렸다. 요즘 대통령 선거를 앞두고 벌
어지고 있는 5·16 논란도 그 실질은 외면하고 이름에 에너지를 소
비하고 있다.

 사전적으로 혁명은 기존 사회체제를 변혁하기 위해 피지배계층
이 비합법적인 방법으로 그 권력을 탈취하는 권력교체의 형식이
다. 그리고 쿠데타는 지배계급 내의 일부세력이 무력 등의 비합법

적인 수단으로 권력을 탈취하는 기습적인 정치활동이다.

5·16이 쿠데타이든 혁명이든 그 실질은 엄연히 존재한다. 오늘의 잣대에 비춰 맘에 들지 않는다고 지우개로 지워 버릴 수 없는 게 역사다. 이는 이성계의 위화도 회군을 쿠데타라고 규정해 조선조의 역사를 부정할 수 없는 것과 같은 이치다.

– 정기환 중앙일보 경기인천취재팀장

[MBC라디오] '여성시대', 2011년

평소 팬을 자처하는 장용 씨의 〈단필충〉을 듣노라면 30여 년 전 병영의 풍경들이 주마등처럼 스쳐 지나가며 나도 몰래 입가에 웃음이 맴돕니다. 70년대 말 유신의 국군 출신이지만 그때 그 시절의 에피소드 한토막을 들고 저도 한번 참여해 봅니다.

유난히 술과 절친하게 지냈던 저는 흐트러진 생활도 정리할 겸 77년 12월 자원입대를 했습니다.

한겨울에 논산훈련소 생활을 마치고 부대 울타리에 개나리가 노랗게 핀 계절에 전주의 한 부대에 배치됐습니다.

손에서 물걸레 놓을 틈이 없고 엉덩이에서 빳따가 떠날 틈이 없던 이등병 시절, 내무반 생활은 힘들었지만 훈련소에서는 꿈도 못 꾸었던 술을 맛 볼 수 있어 견딜 만했습니다.

그러나 내무반 회식 때도 일병 고참들의 눈치 때문에 한두 잔 얼

1979년 보병 35사단
(왼쪽에서 두번째가 저자)

어먹는 것이 고작이어서 언제 한번 허리띠 끌러놓고 마실 기회만
노리고 있었습니다.

초여름의 어느 날 밤, 행정반에서 야근을 하다 말고 같은 이등
병인 전입 동기 한명과 함께 마침내 부대의 철조망 울타리를 넘고
말았습니다. 벌써 몇 달째 제대로 술을 마셔 보지 못했으니 눈이
뒤집힌 거지요.

부대 후문 근처의 주막에 들어간 새카만 졸병 두 명은 간도 크게
부어라 마셔라 판을 벌였습니다. 돼지두루치기도 시키고 막걸리
도 몇 주전자 째 불렀습니다.

주기가 한창 올라갈 무렵, 난데없이 야간 사단장인 주번사령이
참모들을 거느리고 그 주막으로 순찰을 나왔습니다.

혼비백산한 두 졸병은 번개같이 주막 뒷마당으로 튀어서는 이웃

276

집 지붕 위로 올라가 시골마을의 초가집 지붕을 타고 도망치기 시작했습니다.

달빛이 훤한 전주시 송촌동 일대의 시골마을은 삽시간에 호루라기 소리와 "저놈들 잡아라"는 주번사령의 명령, 체포 작전에 긴급 투입된 경비소대의 군홧발 소리에 뒤덮였습니다.

마을 개들까지 요란하게 짖어대는 가운데 두 졸병은 마침내 어느 농가의 컴컴한 외양간에서 은신처를 찾아 송아지와 함께 숨도 쉬지 않고 서너 시간을 숨어 있었답니다.

주번사령이 수색을 포기하고 철수한 뒤, 새벽 3시쯤 이윽고 마을이 조용해지자 두 졸병은 다시 철조망을 넘어 내무반으로 돌아와 아무 일도 없었다는 듯이 모포를 뒤집어쓰고 자는 척 했습니다.

그러나 곧 불침번을 서고 있던 고참병이 다가와 "이 자식들, 이미 다 알고 있어" 하며 다짜고짜 내무반 밖으로 끌고 나갔습니다. 밖에는 헌병대에서 보낸 백차가 벌써 시동을 걸어놓고 있었습니다. 내무반에서는 도대체 어떻게 알고 있었을까요. 주막에서 주번사령이 닥치자 두 졸병은 너무 황급한 나머지 군번과 이름이 쓰여 있는 모자를 술집 탁자 위에 벗어 둔 채 도망쳤던 것입니다.

그 길로 두 졸병은 헌병내로 넘겨졌고 자살에 이용될 수 있는 허리띠를 빼앗겨 바지춤을 엉거주춤 움켜쥔 채 영창으로 들어갔습니다.

70년대의 군대 영창은 엄청 살벌했지요. 무더운 여름밤 가만히 있어도 땀이 줄줄 흘러내리는데 영창간수를 맡은 헌병은 시도 때도 없이 신참 죄수들에게 기합을 주었습니다. 그중 '원숭이'는 제가 지금 못 잊어하는 기합입니다.

헌병이 "원숭이"라고 외치면 즉시 "원숭이"라고 복창하면서 마치 원숭이가 나무를 타듯이 철창살에 매달려 헌병이 지정해 주는 노래를 부르며 한 5분간 버텨야 하는 기합입니다.

군대 영창은 밤보다도 아침 기상 시간이 더 서글프더군요. 영창에서 이틀째인가 지내고 새벽에 눈을 뜨니 어디선가 '사공의 뱃노래는 가물거리고…' 하는 애절한 트럼펫 연주가 들려왔습니다. 바로 건너편의 군악대에서 들려오는 〈목포의 눈물〉 멜로디에 두 졸병은 영창 안에서 저도 모르게 고향의 어머니를 생각하며 눈물을 주르르 흘렸습니다. 군악대 신병이 연습 삼아 새벽시간에 연주해 주는 노래들은 하나같이 그렇게 애절할 수가 없었습니다.

〈목포의 눈물〉은 이후 한동안 저의 18번이 됐습니다. 처음 15일간에 처해진 우리들의 영창생활은 4일간의 복역으로 막을 내렸습니다. 졸병들의 일탈을 엄히 벌해야 하지만 사단에서 유일한 타자 주특기병이어서 상급부대 문서 업무가 마비됐기 때문이었습니다.

그래서 영창 대신 내려진 벌이 일과 후에 사단병력 전체가 이용하는 재래식의 연병장 화장실을 청소하는 것이었습니다. 화장실을 모두 비우는 데 일주일이나 걸린 정말 대단한 크기의 화장실이었습니다.

그러나 고난은 쉽게 끝나지 않았습니다. 졸병 두 명은 냄새 나는 화장실 청소는 게을리한 채 뱀이며 개구리를 잡아 몸보신을 하다 들켜 갈수록 처벌이 가중됐기 때문입니다.

화장실 청소가 끝난 후에는 전우들이 편히 쉬는 저녁시간마다 달빛이 훤한 연병장을 완전군장을 한 채 달리는 신세가 됐답니다.

어느 가을 날 저녁, 군대 전우들과 우리 집으로 2차를 왔다. 옆에서 얘기를 들은 아내가 쓴 것을 고쳐 방송국에 보낸 글이다. 부상으로 세탁기가 배달돼 왔다.

타자병의 여자친구

[MBC라디오] '여성시대', 2011년

단필충은 세계에서도 하나뿐인 라디오 프로일 것입니다. 한국이라는 나라가 존재하는 한 폐지될 수 없는 프로입니다.

때는 1978년 1월. 논산훈련소에서 신병 훈련을 마치고 성남에 있는 종합행정학교에서 후반기 교육을 받던 시절입니다.

주특기를 한글타자병(902)으로 받아 밥만 먹고 나면 타자기 자판을 두드려야 하는 좀 별난 교육이었습니다. 1분에 600타를 치는 1급 타자수 자격증을 따기 위해 교육에 들어가기 전 구령에 맞춰 손가락 운동부터 하기도 했습니다.

타자교육에도 '제트기가 빠른 것은 꽁무니에 불이 붙었기 때문'이라는 군대 격언이 통했습니다. 엉덩이에 빳다를 좀 맞으면 1분당 타수가 어김없이 늘어났습니다. 여자친구에게 타자로 연애 편지를 자주 쓰는 친구일수록 타자 실력이 앞서갔고요.

사건은 일요일 종교활동에서 시작됐습니다. 성남 시내로 외출을 할 수 있는 카톨릭으로 정하고 세례명도 '스테파노'로 급히 정했습니다. 서울에 있는 술친구 교찬이에게 급히 연락을 취했습니다. '이번 주 일요일 오전 11시 성남의 모 성당 화장실에서 접선하되 술을 종류별로 준비해 오라'고 말입니다.

생전 처음 참가한 미사가 어떻게 끝났는지도 모른 채 화장실로 달려갔습니다. 나의 둘도 없는 술친구는 소주와 맥주 그리고 당시 즐겨 마시던 캡틴 큐 등을 건네줬습니다.

술병들을 야전잠바에 감추고 시치미를 뚝 떼고 부대로 돌아가는 버스에 올랐습니다. 버스가 출발하려는 순간, 그 친구가 다시 나타나 버스 창문을 두드렸습니다. 창문을 열어 주니 종이봉투에 중국 술 빼갈 2병을 담아 밀어 넣어주며 "중국 술이 빠진 것 같아 다시 사왔다"는 것이었습니다.

술에 관한 우정이 지나친 친구였습니다. 버스 창문으로 술을 건네주는 광경을 목격한 인솔 구대장이 호랑이 얼굴을 하고서는 "부대 가서 보자"며 중국 술을 압수해 갔습니다.

공포의 시간이 흘러가면서 그 친구가 원망스러웠습니다. 그런데 내무반장을 겸한 구대장은 저녁 점호시간까지 술에 대해 아무 말도 꺼내지 않고 "취침"이라고 했습니다. 침상에서 모포를 덮고 잠을 청하려니 불침번이 다가와 "구대장실로 가보라"는 것이었습니다. "올 것이 왔구나"하며 다시 한번 술 친구를 원망했습니다.

구대장실 문을 여니 탁자에 김치찌개가 보글보글 끓고 있었습니다. 뜻밖에도 구대장은 낮에 압수한 술병을 따면서 "이리 와서 한

잔 해"라는 것이 아닙니까.

술잔이 한참 오고 가면서 의문이 풀렸습니다. 구대장이 저의 고향마을 여자친구 이름을 대면서 "어떤 사이냐"고 하는 것이었습니다. 여자친구가 훈련 중에는 일체 면회가 되지 않는 것을 모르고 면회를 왔던 모양이었습니다. 제가 열심히 타자 교육을 받는 동안 구대장이 대신 면회소에 나갔는데 아마도 첫눈에 반한 모양이었습니다.

저는 "별다른 사이가 아닙니다"라고 말했습니다. 사실 초등학교 동창인 그 여자친구와는 서울에서 가끔 만나기만 했지 그때까지 별로 진전된 것이 없었던 사이였습니다.

훈련병 주제에 너무 과분한 술대접을 받기는 했지만, 이튿날 깨어보니 술김에 너무 쉽게 여자친구를 내주지는 않았나 하는 후회도 됐습니다.

과연 첫 휴가를 나와보니 시골 마을에 그들이 곧 결혼할 것이라는 소문이 돌았습니다. 어쩐지 씁쓸한 기분이었습니다. 말년 휴가를 가서는 첫 애를 낳았다는 소식도 들었습니다.

제대를 한 후 집으로 한번 놀러 오라는 구대장의 연락을 받고 성남의 군인 아파트로 향했습니다. 그러나 현관 문에 숯을 끼운 금줄이 쳐져 있는 걸 보고 돌아서 나왔습니다. 하필이면 여자 친구가 둘째 아이를 낳은 날이었습니다.

'영창 안의 원숭이'에 이은 군대 얘기 2탄. 세탁기를 받은 재미에 또 써 보내 전자렌지를 받은 얘기다.

아버지의
외출

아버지!
포항역 대합실에서
몇 번이나 두리번거렸어요
금방이라도 아버지가 개찰구에서
손을 흔드시며 나오실 것 같았어요

아버지의 외출은
언제나 화려했어요
중절모에
금테안경에
금시계를 갖추시고
열차를 즐겨 타셨지요

손주 봐 주시러 오시면서도
양손 가득 짐 들고 오시는
엄마 뒤를 따라
빈손으로 말쑥하게
들어오시는 모습이
야속하기까지 했어요

3년 투병생활 동안
병원을 수없이 드나들면서도
항상 그 모습만은 고집하셨지요
항상 당신 차림새만 챙기시던
이기적인 모습에 불평도 많았어요

작년 겨울 새벽에
아버지는
중절모도
금테안경도
금시계도 마다하시고
허름한 잠바차림으로
마지막 외출을 하셨어요

아버지!
대합실 커피자판기 앞에서

자꾸만 서성이고 있어요
열차에서 내리시면
커피 한잔의 여유까지
즐기시던 그 멋진 모습이
오늘따라 몹시 그립습니다

– 2009년 1월 막내딸 화숙

아버지의 1주기 제사 때 막내 동생이 읽어 올린 조시弔詩. 아버지는 4년
간 포항 고향집과 서울의 병원을 오가시다 2008년 1월 돌아가셨다.

아산병원을 퇴원하시면 수원역에서 기차에 태워 드렸다. 포항에 사는
막내 여동생은 포항역으로 마중을 나오곤 했다. 이 여동생은 멀리 있는 오
빠, 언니들을 대신해 아버지를 보살폈다.

묘비명 墓碑銘

식민치하에서 태어나
장성해서는 포연 자욱한
6·25 전장터를 전전하셨다

궁핍하고 바람 찬 시대를
온몸으로 맞서며
집안과 이웃들을 거두시던
생전의 모습을 그리며…

– 감나무등 할아버지 후손들이

〈상사喪事 인사〉

지난 1월 24일 소생小生의 부친 상사喪事 때 바쁘신 가운데서도 애도哀悼와 위로慰勞를 보내 주심에 머리 숙여 감사드립니다. 덕분에 큰 흠 없이 고향 포항의 비학산 기슭에 모셨습니다.

산을 내려오는 첫 걸음부터 밀려드는 불효不孝의 회한悔恨에 목이 메었습니다. 돌이켜 보면 전란과 궁핍의 험한 시대를 헤쳐 간 세대 중의 한 분이셨습니다.

찾아뵙고 인사 올리지 못하는 점 헤아려 주시고 댁 내의 건강과 행복을 기원합니다.

– 2008년 2월

술을 마신 어느 늦은 밤, 아파트 엘리베이터의 거울 앞에서 놀라본 적이 있는가. 거울에는 나 아닌, 돌아가신 아버지가 물끄러미 바라보고 계셨다.

표정과 눈빛이 그대로였다. 머리카락이 많이 빠진 곳까지도 어쩌면 가신 분과 똑같을까. 사람은 제 근본을 부정하려는 본능이 있다. 아들은 젊어서 아버지를 넘어 서려고 한다.

그러나 멀리 가지 못한다. 세월이 흐르면서 점점 더 가까이 닮아 간다. 불효자는 가신 뒤에나 알게 된다. 그러나 세월은 기다려 주지 않는다.

감나무등 할아버지는 7대조 선조다. 선산의 산소에 감나무 한 그루가 덩그러니 서 있어 붙여진 이름이다. 고향마을은 이 할아버지의 후손들이 모여 살았던 곳이다.

아버지는 빈한한 일문一門의 종손으로 수고가 더했다. 누가 끼니를 굶어도, 조카가 군에 입대해도, 당신의 일인냥 동분서주하셨다. 장남을 서울의 대학에 보낸 것도 당시로서는 예삿일이 아니었다.

가족신문 '방앗간 집'
금혼식金婚式 특집

가족신문 '방앗간 집' 정다은의 특집 시리즈!
2001년 10월 13일 할아버지, 할머니 금혼식 특집호

가족신문 '방앗간 집' 정다은의 특집 시리즈!

우리 결혼했을 적에(할머니가 말한다)

벌써 50년이란 긴 시간이 흘렀지만 할머니는 50년 전 그 날을 기억하고 계신답니다.

우리 할머니와 할아버지가 만나게 된 건 바로 중매였습니다. 우리 할머니 20세, 할아버지 21세에 지금은 돌아가셨다고 하는 정분남(이름 정말 예쁘시죠?)할머니의 중매로 서로 좋아 대동아전쟁이 끝나고 평화가 찾아온 지 5년 만에 결혼을 하시게 되었습니다.

1950년 1월 20일 장소는 오늘 금혼식을 올리는 바로 이 마당이랍니다. 할머니 말로는 단번에 눈이 맞아 결혼을 했다는 말이…(믿거나 말거나)

288

우리 할머니, 할아버지는 이런 분이십니다. 간단하지 않은 소개를 이제부터 해드릴게요.

지금 제가 소개할 분은요? 하나밖에 없는 멋쟁이 할아버지 '정 종자 영자'시구요, 예쁘고 착하신 우리 할머니 '송 미자 선자'입니다. 누구신지 감 잡으셨죠?

음, 성격부터 소개해 드릴게요. 할머니는요 음, 자상하구요 또 우리를 참 아껴주시고요. 게임도 참 좋아하세요(←그중에서도 고스톱이죠). 우리 할아버지는요 말도 참 재미있게 하시구요. 디따 깔끔하세요. 또 술도 참 잘 드신답니다. 우리 할머니, 할아버지의 특기와 취미는 참 독특합니다. 할머니의 취미와 특기 '고스톱'이라고 합니다. 고스톱의 여왕이라나??

반면 우리 힐아버지의 취미는요 '노래부르기'구요. 할아버지께서 잘 부른다고 꼭 좀 적어달라고 하시더군요(굉장히 잘 부르십니다^^). 특기는 바로 '채소 가꾸기'라고 합니다.

할머니 할아버지 지금 꿈은요. 손자손녀 예쁘게 자라는 것 보는 것, 그리고 밭에 있는 채소가 잘 자라는 것이라고 합니다.

지난 50년 중 가장 즐거웠던 일은 손자손녀들이 이 세상에 태어날 때라는군요. 우리 할머니 할아버지 소박한 꿈이 꼭 이뤄지길 바라며 이상 할머니 할아버지의 간단하지 않은 소개를 모두 마치겠습니다.

다은, 동승이가 할머니 할아버지와 함께 한 7년 Special~

지금은 아니지만 우리 할머니 할아버지와 저 그리고 동승이는 7년이란 긴 시간 동안 함께 지내 왔답니다.

그동안 있었던 많은 일들이 있습니다. 다은이의 초등학교 6학년 때까지의 운동회도 모두 할머니 할아버지께서 와 주셨고 할아버지께서 혹 술이라도 드신 날이면 가족들 모두 한 번씩 불려가서 할아버지가 어떤 말씀을 하시는지도 모른 채 그냥 열심히 듣기도 하였습니다.

하루에 300원씩 주는 할머니의 용돈으로 매일 맛난 것도 사먹었구요,

정말 가끔씩 그때로 돌아가고 싶기도 합니다. 포항으로 내려가신다고 하실 때 어찌나 섭섭하던지… 이루 다 말할 수가 없더라구요.

마지막으로 전해드리고 싶은 말은요, "할머니 할아버지!! 금혼식 축하드리구요. 언제까지나 행복하고 즐겁게 오래오래 사세요."

1993년 5월부터 가족신문을 만들었다. '방앗간 집'은 고향마을에서 불리던 택호(宅号)다. 아버지가 정미소를 해서다. 시간에 쫓겨 2개월치를 합치기도 여러번 했지만 2000년까지 이어왔다. 오스트리아 연수 시절에는 제

호와 제목들을 독일어로 붙이기도 했다.Das Muhlehaus

　딸 다은이가 중학교에 들어가면서 특집호 제작을 맡겨 보았다. 2000년 1월 제 삼촌 결혼식과 2001년 10월 할아버지 할머니 금혼식 등 2차례다. 친척 친지들로부터 호평을 받았다.

　지금은 지난 가족신문들을 블로그에 올려 놓았다.

　이 길고도 긴 겨울밤들을 지레 예감했음일까. 봄날 텃밭에다 무를 심었다. 여름 한철 노란 무꽃이 피어 가끔 벌, 나비들이 찾아와 동무해 주더니….

　이제 그중 큰 놈 몇 개를 뽑아 너와 지붕 추녀 끝으로 고드름이 주렁주렁 열리는 새벽까지 밤을 새워 무채를 썰면서 절망을 썰면, 보은산 컹컹 울부짖는 승냥이 울음소리가 무섭지 않고 유배보다 더 독한 어둠도 두렵지 않구나.

　어쩌다 폭설이 내리는 밤이면 등잔불 아래서 『시경강의보詩經講義補』를 엮는다.

　학연아 나이가 들수록 그리움이며 한恨이라는 것도 속절없어진다. 유배 첫해에는 산이라도 날려 보낼 것 같던 그리움이, 강물이라도 싹뚝싹뚝 베어버릴 것 같은 한이 자주 엄습했었다. 그러나 지금은 폭설로 서울 가는 길이 모두 하얗게 지워지는 밤, 사의재四宜

齊에 앉아 몇 줄 詩를 읽으면 아아, 세상의 법도, 왕가의 법도, 힘줄
처럼 질긴 한도 모두 삭아서 흘러가고, 그리움도 남해바다로 흘러
가 섬을 만드는구나.

– 1802년 12월 다산 선생,

유배지 강진에서 장남 학연에게 보낸 서간 중에서

20여 년 전 아내가 어디선가 구해 와 읽어 보라고 준 글이다. 처음 읽었
을 때 숨이 막히는 듯했다. '글을 쓰려면 이 정도는…' 하는 생각이 들었다.

한 번도 쉬지도, 고치지도 않고 써 내려간 글이리라. 애써 꾸미고 감춘
곳도 없다. 험한 유배지의 밤 풍경이 묵화처럼 다가온다.

내가 경계로 삼는 것이 말과 글은 간사하다는 것이다. 저도 모르게 아는
체, 잘난 체에 빠지기 쉽기 때문이다. 그래서 덧칠을 하고 잔재주를 피우
려 한다.

이 글을 전범典範으로 삼아왔지만 천학비재淺學菲才는 어쩌지 못한다.

돌아보니 세 번째 가을이다. 남자에게 짐을 벗어버린 가을은 몇 번이나 찾아줄까.

첫 가을은 1975년이었다. 바다로의 꿈은 무너지고 갈 바를 몰라 했다. 동해바다의 가을은 물빛은 남빛으로, 모래밭은 새하얗게 빛난다. 스무 살 청춘이 그 가을 내내 바다를 서성거렸다.

1977년의 가을은 군 입대를 앞둔 석 달간이었다. 추수가 끝나자 친구 광주와 가자미 낚시를 다녔다. 서툰 솜씨에 횟거리도 건지지 못할 때가 많았다. 그런 날은 솔밭 초입의 구멍가게에서 노가리를 구워야 했다. 입대 하루 전날, 리어카를 끌고 무밭으로 나갔다. 초겨울 푸른 하늘과 새파란 무청 빛깔의 대비가 눈에 선하다.

그리고 올해 가을이다. 곰팡내 나는 옛날 글 쪼가리들과 씨름을 했다. '이런 걸 꼭 해야 하나' 생각도 일었다. 그 바다는 벌초와 묘제, 두 차례만 다녀왔다. 시간이 지천인데도 춘천, 전주, 경주, 상주 나들이로 그친 것도 이 책 때문이다.

책 작업을 하며 새삼 느꼈다. 30여 년간 신문기사 글투에 너무 길들여져 있었다. 제3자의 눈으로 차갑게 보려는 습관이다. 사적 감정은 있는 대로 걸러내고 뼈대만 남겨야 하는 글. 내 생각을 덧붙이는 글에서도, 나도 모르게 깎고, 줄이고, 조이고 있었다.

대구에 근무할 때 대학원 수업의 어느 철학과 교수 얘기가 생각난다. "하루라도 빨리 머리(논리) 대신 팔다리를 움직이는 일을 하고 싶다" "나도 동감"이라고 맞장구쳤던가.

하고 싶은 일들은 많다. 통통배를 몰고 펄떡이는 생선을 잡아 올리고도 싶다. 울진이나 삼천포 어디쯤의 어촌이면 더 좋겠다. 일본의 어느 소도시에 짐을 푸는 것은 어떨까. 미나모토노 요리토모, 오다 노부나가, 도고 헤이하치로, 야마모토 이소로쿠… 이 섬나라의 역사는 아직도 나를 끌어 들이는 힘을 갖고 있다.

어쨌든, 이 책으로 1막은 내려진다. 2막은 또 어떤 모습으로 펼쳐지려나. 스무 살 청년처럼 가슴 두근거린다.

70대 인생을 재미있고 신나게 사는 이야기

김현 · 조동현 지음 | 268쪽 | 값 13,500원

저자 부부는 70대란 나이는 숫자에 불과하며 자신이 좋아하면서도 타인에게 도움을 줄 수 있는 일에 매진하면 얼마든지 노후를 신나고 재미있게 보낼 수 있다고 전한다. 초고령화사회를 눈앞에 둔 대한민국 사회에 가장 필요한 이야기에 귀 기울여 보자.

성공하는 자녀의 네 가지 비밀

박찬승 지음 | 300쪽 | 값 15,000원

책 『성공하는 자녀의 네 가지 비밀』은 자녀들의 성장 가능성과 적성을 가늠해보고, 아이들의 자존감과 자립심을 돕는 방법을 배울 수 있도록 구성되었다. 현재 대전 유성고 교장인 저자가 풍부한 현장 경험을 통해 알아낸 영재 공부 비법과 효율적인 학습법 또한 함께 담겨있다.

나는 오늘도 도전을 꿈꾼다

원유철 지음 | 264쪽 | 값 15,000원

1991년 경기도의회 최연소 의원으로 정계에 입문(28세)했던 원유철 국회의원(현역, 4선)이 전하는 삶의 이야기를 담은 책이다. 허기, 패기, 끈기, 용기라는 네 가지 주제를 중심으로 인생 역정과 정치인으로서의 행보 그리고 국민 모두의 행복한 삶을 위한 비전을 제시한다.

올드맨쏭

이제락 | 264쪽 | 값 13,000원

배우에서 영화감독으로 이제는 작가로! 다양한 재주꾼, 이제락의 첫 소설! 거듭된 이별이 가져다준 상처투성이 삶을 끌어안고 살아가는 한 사내와 그 앞에 음악처럼 운명처럼 찾아온 아이의 감동적인 이야기. "이토록 위대한 만남을 위해 우리들의 이별은 거룩했다."

꿈의 크기만큼 자란다

조영탁 지음 | 280쪽 | 값 15,000원

'꿈'이라는 목표가 있기에 삶은 가치가 있고 사람은 미래를 향해 전진한다. 가장 중요한 점은 꿈의 크기에 한계를 두지 않았을 때 사람은 성장한다는 사실이다. 지금보다 더 '큰 사람'이 되고 싶다면, 성공을 위한 비전을 정확히 내다보고 싶다면 『꿈의 크기만큼 자란다』와 그 첫발을 시작해 보자.